TEDDY BEAR CLOSET

テディベア クローゼット

小柳英美

Intoroduction

　テディベア、この愛すべきくまのぬいぐるみを作り始めて30年以上の歳月がたちます。テディベアには定義がなく、サイズもバランスも素材もさまざま。私がテディベア作りを飽きることなく続けてこられたのも、テディベアの持つ無限の可能性と、癒し効果があったからです。

　今回は、抱き心地がよく、連れて歩いてお披露目できて、街のカフェや庭園の草花、旅先の風景の中でも写真映えするサイズで、きせかえが楽しめるベアの本を！とのオファー。一人では、無理だな……と思い、その場にいた生徒さんの力を借りることにしました。2年ほど前、ちょうど大分合同新聞文化教室の生徒さんとの会食中の電話でした。生徒さんたちの快諾を得たとき、私が生涯目指していた「テディベアと仲間たち」が実現した瞬間でした。

　私が描いたパターンと用意した材料でベアを作り、ワードローブに関しては読者のかたがたと同じ目線で作っていただくように、それぞれバリエーション豊かな好みの材料を集め、私はアドバイスのみにとどめました。そして、完成した16体のテディベアが全員集合して表紙の撮影となりました。

　コンセプトは、どこにお住まいでも入手できる材料のテディベアとワードローブです。総絞りの着物（p.32）は、私が16歳のときに着ていた羽織のリメイクですが、そのほかの材料はすべて通信販売を利用しました。

　特別にこだわったのは、中道義眼製作所のグラスアイ。17mmサイズの大きな瞳孔のグラスアイを作れるところは、私の知る限りここだけです。世界一の技術です。

　材料探しから楽しみが広がります。完成したら、テディベアと自分を褒めて、愛おしく抱いてみてください。不思議と癒されていく、あたたかな気持ちになれると思います。あなたにもテディベアがつなぐ仲間ができますように。

小柳　英美

CONTENTS

男の子にはシャツ＆パンツ、女の子にはワンピース＆ドロワーズ。
→ p.51, 54, 56, 60

spring & summer
Daily wear

春夏のデイリーウェア

セーラーカラーにセーラーハット。ヨット柄のコットンでマリンルック。
→ p.51, 54, 60, 61, 62

夏のお出かけ。シャツ＆パンツ、ワンピースのバリエーション。

お芝居ごっこもたのしいね。

autumn & winter
Daily wear

秋冬のデイリーウェア

ダッフルコートにショートブーツ。額縁に座って、肖像画気分みたい。

→ p.63, 66

絵描きさん、ひなたぼっこでお昼寝かな。

ダッフルコートにショートブーツをコーディネート。

秋のお出かけ。コーデュロイや別珍素材を使用した女の子のワンピース。

いたずらっ子はどこで何をしているかしら。

こっそりのぞいて、見てごらん。

wedding
Ceremony wear

セレモニーウェア

ウェディングドレスとタキシード。

花嫁のお支度
ドレス（ビスチェ＋スカート＋トレーン）、ベール、バニエ。
→ p.67, 71, 72

花婿のお支度
ジャケット、パンツ、カラー、カフス、ベスト、タイ、シューズ。
→ p.73, 76, 77, 78, 79, 80

omiyamairi

Ceremony wear

セレモニーウェア

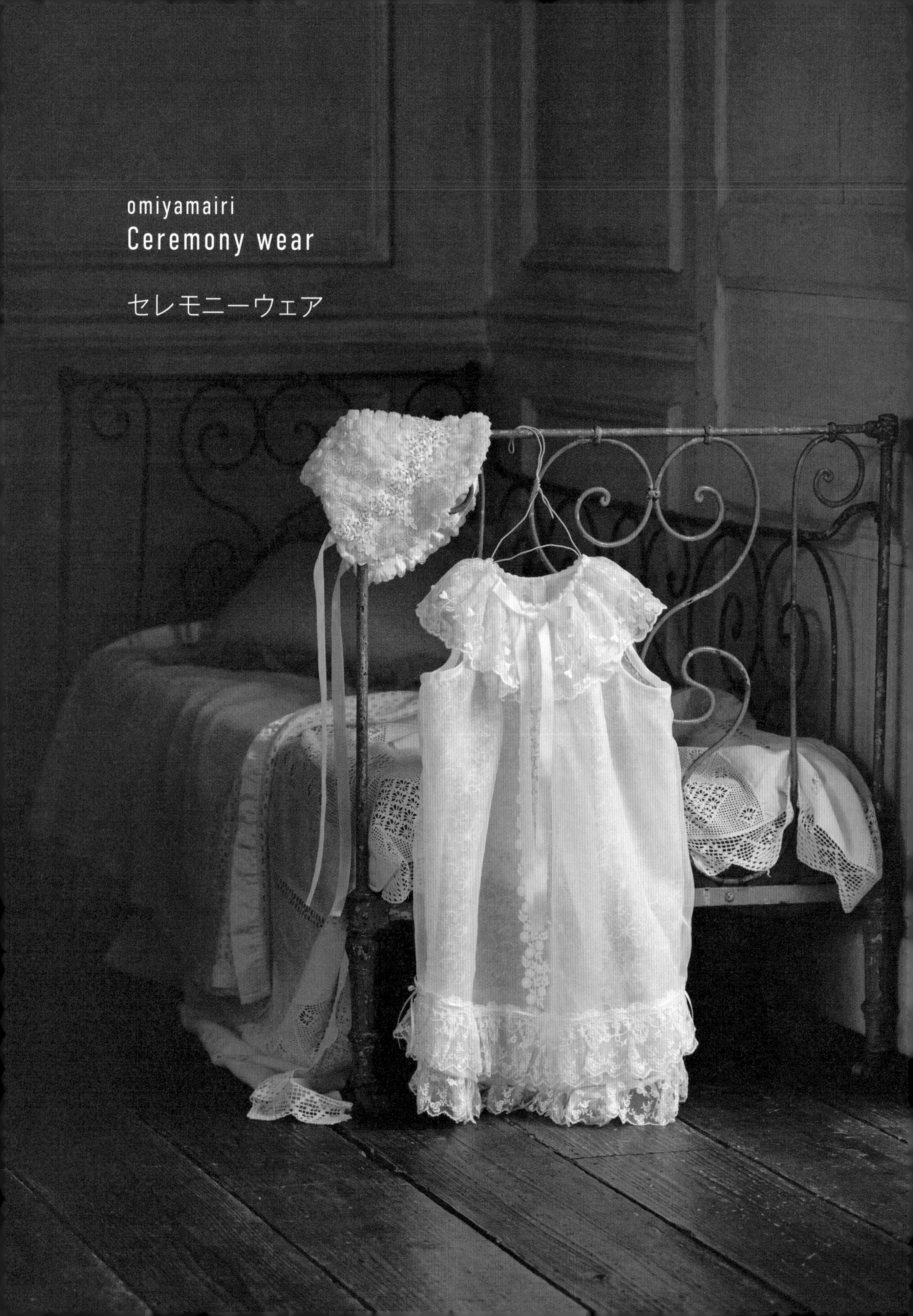

お宮参りのベビードレスとボンネット。ベビー（新生児）サイズの身長と体重のベアに。

→ p.82, 85

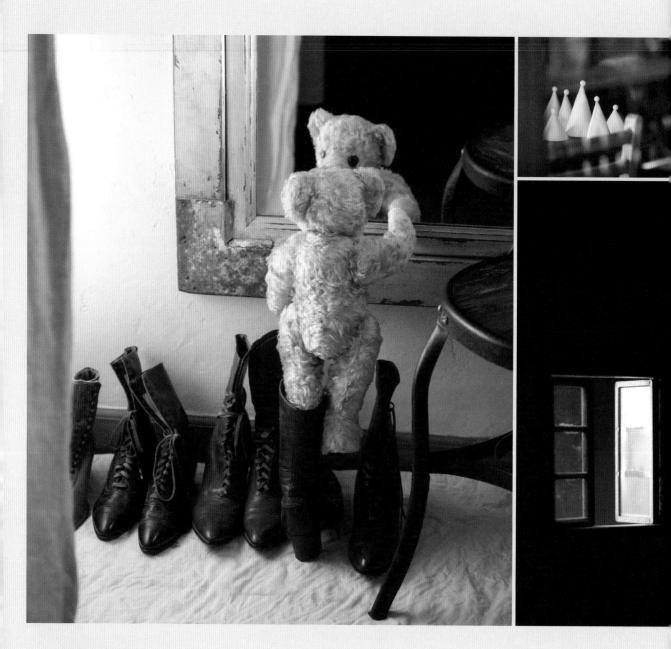

TAILOR BEAR　仕立て屋のくまの一日

A day
in the life
of a tailor bear

今日は、くまのお洋服を作る日です。一日かけて、すてきなお洋服を作りましょう。

まずは、作業がはかどるように、道具の準備を始めます。パターン、まち針、定規、印つけペン、はさみ、針と糸、付属の材料を並べます。ミシンで縫う人はミシンの準備、そうそうアイロンとアイロン台も必要ですね。いい仕上りにするには、アイロンかけが重要です。

洋服が完成したら、早速くまに着せて、お座りさせて写真撮影。いろいろなポーズで、いちばんかわいく見える角度を見つけましょう。

ほかの布地で袖なし、衿なしにしたり、つけ衿を作って……きせかえを楽しみます。

くまの仕立て屋さんは夢と希望がいっぱいです。上手に作ることよりも、かわいく見せることが優先です♡

27

さあ、楽しみはここから。まず、ベアの前後左右をよく見て、洋服のイメージを考えます。

子どものころ大好きだったワンピース？お父さんの思い出のブラウス？お母さんのお気に入りのシャツ？捨てられない思い出の詰まった布があれば、それをリメイクするのもいいでしょう。

新たな材料を求めてお買い物に行くのも、ネットショップで探すのも、とてもウキウキ楽しい時間です。

はじめて作るかたは、縫いやすくほつれにくい布地を選ぶのが、大切です。おすすめはワンピースやシャツにリバティのタナローン。パンツは細コーデュロイやリネン。布地に合う色の糸と、レースやリボン、ボタンなどの付属品も調達したら完璧です。たくさんある布地と、その組合せを考えるのが、至福の時間です。

仕立て屋のくまの一日

TAILOR
BEAR

furisode
Enjoy kimono

和装を楽しむ

七五三、七歳のお祝い。成人式のお振袖としても。

→ p.86, 92, 93

七五三、三歳のお祝い。総絞りの着物に純白の被布を着せて、うさぎの背守を。
→ p.94, 96, 97

＊ミニチュアサイズのペアは参考作品

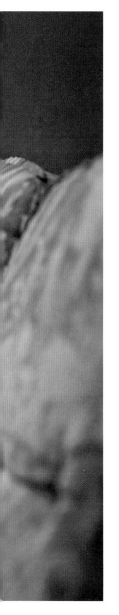

yukata
Enjoy kimono

和装を楽しむ

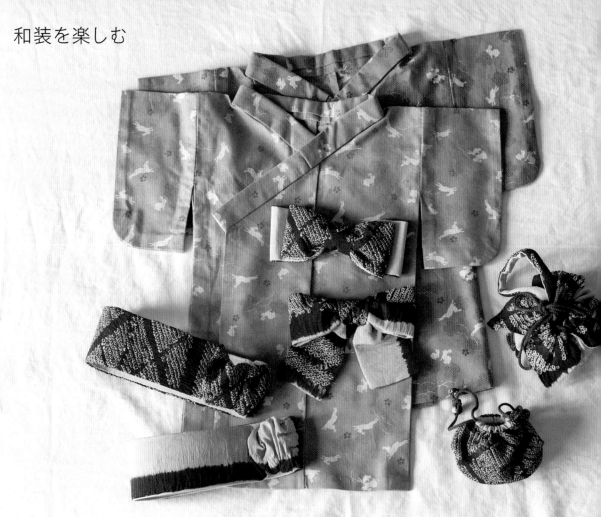

姉妹で夏まつり。花火大会にも行きたいね。
ゆかた、帯、リボン、きんちゃく。

→ p.98, 102, 103

Bear's Proportions &
Wardrobe + Details

ベアのプロポーション

この本に登場するテディベアは4種のパターン。
サイズ感や抱き心地は、生まれたばかりのベビーをイメージしてください。

バスト＝ 34cm　ウエスト＝ 36cm
ヒップ＝ 38cm　体重＝ 240g

Bear
A

バスト＝ 34cm　ウエスト＝ 36cm
ヒップ＝ 38cm　体重＝ 260g

バスト＝ 32cm　ウエスト＝ 34cm
ヒップ＝ 39cm　体重＝ 440g

Bear
B

バスト＝ 33cm　ウエスト＝ 34cm
ヒップ＝ 39cm　体重＝ 450g

Bear
C

Bear
D

バスト＝ 32cm　ウエスト＝ 34cm
ヒップ＝ 37cm　体重＝ 360g

バスト＝ 31cm　ウエスト＝ 33cm
ヒップ＝ 37cm　体重＝ 480g

ベアのワードローブ

シャツ＋パンツ、ワンピース＋ドロワーズ。みんなで同じ洋服を試着してみました。
ボディはほぼ同じサイズなので、洋服をシェアして着ることができます。

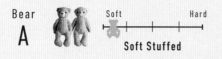

Bear A　Soft ├─┼─┼─┤ Hard　**Soft Stuffed**

白いマズル部分は大きめに、首と腕はジョイントでボディにつけています。男の子は鼻の下のラインを長めにしてわんぱくな表情に。女の子は頭部全体と耳のパターンを90％縮小して小顔にしました。全体的にわたはふんわりと詰めます。

ふわふわタイプのわんぱくフェイス　　　ふわふわタイプのファニーフェイス

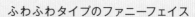

Details

目＝黒＋ブルーグレー直径1.6cm のグラスアイ ／ 鼻＝エクセルスエードをパーツにかぶせる ／
口、手＝DMC 3番刺繍糸（938）1本どり ／ 本体＝プードルファー ／
マズル＝マイクロムートン ／ 手のひら、足底＝エクセルスエード

Bear C　Soft ├─┼─┼─┤ Hard　**Medium Stuffed**

白いマズル部分は小さめに、目を鼻に近づけたベビーフェイス。ジョイントなしで、腕と脚を長めにした人間の新生児に近いプロポーションです。ボディに重りになるステンレスボールやペレットを入れて、体重も新生児と同じ重さにすると記念になります。

新生児スタイルのベビーフェイス

Details

目＝黒＋鉛茶色直径1.7cm グラスアイ ／ 鼻＝エクセルスエードをパーツにかぶせる ／
口＝DMC 5番刺繍糸（938）1本どり ／ 本体＝スパースモヘア（ピンクに染色） ／
マズル、手のひら、足底＝スパースモヘア

ベアのディテール

それぞれの特徴と、素材を比較してください。同じパターンでもわたの詰め方や、
目、鼻、口のバランスでさまざまな表情を作ることができます。

 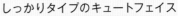

テディベアといえばこのパターン。首、腕、脚をジョイントでボディにつけています。頭のわたはしっかりと詰め、マズルは毛をカットします。目の大きさと位置、鼻の大きさや向きで、ハンサムやキュートな表情を作り、個性を出します。

しっかりタイプのハンサムフェイス　　　　しっかりタイプのキュートフェイス

目＝黒＋鉛茶色直径 1.7cm グラスアイ／
鼻、口＝ DMC 5番刺繍糸（938）2本どり／本体＝ラティニティモヘア（ドイツ製手染め）／
手のひら、足底＝ウルトラスエード

小柄なクラシックベアは1995年に出版した『心をこめてテディベアづくり』の掲載作品をリメイク。きせかえがしやすいように、背中のこぶと手のひらを小さくしました。首、腕、脚はジョイント、わたは全体的にしっかりとかために詰めます。

クラシックタイプの正統派フェイス

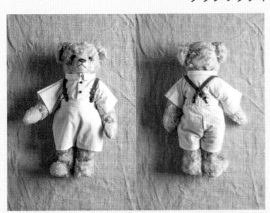 

目＝黒＋ブラウン直径 1.6cm エナメルグラスアイ／
鼻、口＝ DMC25番刺繍糸（434）6本どり／本体＝ソフトカーリーモヘア（毛先に染色）／
手のひら、足底＝ウルトラスエード

How to make

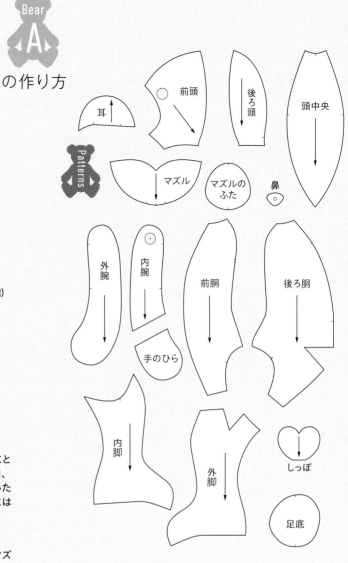

Bear A の作り方

🐻 材料（1体分）

プードルファー：150cm幅30cm
マイクロムートン（マズル用）：15×10cm
エクセルスエード（手のひら、足底用）：20×20cm
エクセルスエード（鼻用）：5×5cm
コットン（マズルのふた用）：10×10cm
ジョイント：直径4.5cmを1組み（首）、直径3.2cmを2組み（腕）
グラスアイ（黒＋ブルーグレー）：直径1.6cmを2個
プラスチックさし鼻（ワッシャーつき）：2.1cmを1個
３番刺繍糸（口と手の刺繍用）：40cm＋80cm
厚紙（鼻、マズルのふた用）：10×10cm
接着芯（目の位置と腕のジョイント用）：3×3cm
化繊わた、つぶわた：各適量

🐻 縫う前の準備

1　パターンを作る
厚手のトレーシングペーパーをパターンの上に動かないようにとめ、極細のボールペンで写しとる。ジョイントの位置、あき口、合い印、毛並みの方向、パーツの名称も記載する。写し終わったらよく切れるはさみで印どおりに切りとり、ジョイント位置にはぬいぐるみ針で穴をあける。

2　布に印をつける
布の毛並みとパターンの矢印の方向を合わせ、頭の中心とマズル以外はすべて左右対称に配置する。すべてのパーツが裁断できることを確認したら、布用印つけペンで指定の縫い代をつける。

3　裁断する
よく切れるはさみで布を裁つ。毛足がある場合は、はさみの先で土台の布だけを少しずつ切る。

4　接着芯をはる
プードルファーには必須。直径1.5cmにカットした接着芯を目の位置、腕のジョイント位置にアイロンではる。温度に注意、毛並みをつぶさないように。

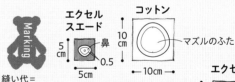

縫い代＝
指定以外1cm

エクセルスエード

コットン　マズルのふた

マイクロムートン　マズル

エクセルスエード　手のひら　足底

プードルファー

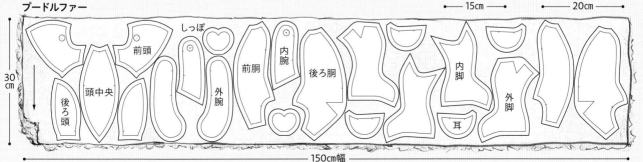

150cm幅

Step 1 頭を作る

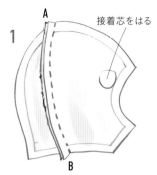

前頭と後ろ頭を中表に合わせ、A～Bを左右それぞれ縫う。

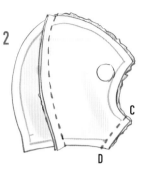

左右の頭を中表に合わせ、C～Dを縫う。

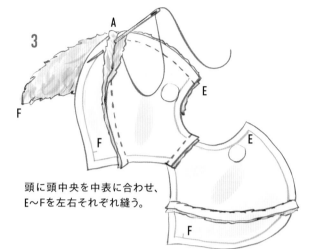

頭に頭中央を中表に合わせ、E～Fを左右それぞれ縫う。

Step 2 鼻を作る

鼻パーツに合わせた厚紙を用意し、穴をあける。

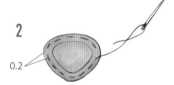

エクセルスエードの鼻の縫い代にぐし縫いをする。

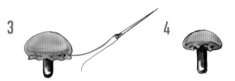

鼻パーツにかぶせて糸を引き絞る。

しわが寄らないように整えてしっかり糸をとめる。

Step 3 マズルを縫う

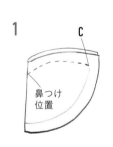

中表に半分に折り、C～鼻つけ位置を縫う。

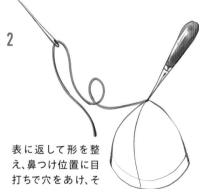

表に返して形を整え、鼻つけ位置に目打ちで穴をあけ、そのすぐ下から口用の刺繍糸（約40cm）を出しておく。

Step 4 鼻をつける

マズルの鼻つけ位置の穴に鼻パーツの足を差し込み、内側から厚紙、ワッシャーをはめて固定する。

Step 5 マズルのふたを作る

コットンのマズルのふたの縫い代にぐし縫いをする。

Step 6 マズルを作る

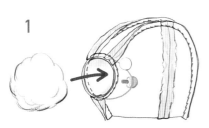

頭とマズルを中表に合わせて縫ったら、マズル部分にしっかりめにわたを詰める。

ふたを合わせて、縫い代にまつりつける。

Step 7 頭を作る

表に返して、ふんわりとわたを詰める。

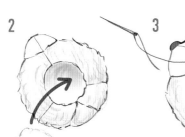

わたは丸めずに少しずつ親指で押し込み、形を整える。

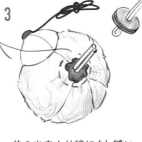

首の出来上り線にぐし縫いをし、ジョイントをセットして少しずつ糸を引き絞る。

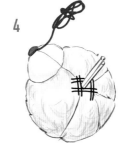

すきまがなくなったら玉止めをし、さらに何度か糸を渡してしっかりとめる。

Step 8 耳を作る

2枚を中表に合わせ、あき口を残して縫う。

縫い代の角をカットする。

表に返して、あき口をとじる。

Step 9 耳をつける

左右の耳を頭部に乗せ、まち針でとめてバランスを見る。

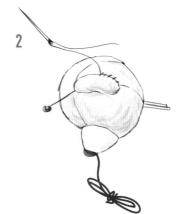

耳の後ろ側をラダー・ステッチで端から端までとじつける。

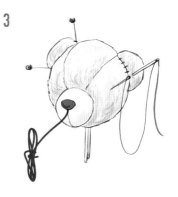

続けて前側をつける。前側はかがる要領で丈夫にとじつける。

にっこりタイプ

鼻パーツの下から出しておいた糸を針に通し、番号順に刺繍する。最後は首のジョイント近くに針を出し、玉止めをする。

おすましタイプ

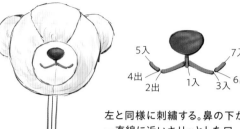

左と同様に刺繍する。鼻の下が短く、一直線に近いキリッとした口。

Step **11** 目をつける

 1

まち針を刺して目の位置を決める。

2

ぬいぐるみ用の長い針に糸を通して2本そろえて糸端を結び、グラスアイの足に通し、イラストのように糸の輪に通す。

3

目の位置に目打ちでグラスアイの足が通る穴をあけ、針を入れて耳の後ろから出し、目が少しくぼむくらいに糸を引く。

4

耳のつけ位置の目立たないところで1針すくって玉止めをして頭の中に針を入れ、首のジョイント近くに針を出して糸を切る。

Step **12** 腕を縫う

1

接着芯

内腕のジョイント位置に接着芯をはる。

2

内腕と手のひらを中表に合わせて縫う。

3

外腕と内腕を中表に合わせ、あき口を残して縫う。

4

表に返す。

Step **13** 脚を縫う

1

外脚のダーツを縫い、縫い代をカットする。

2

外脚と内脚を中表に合わせ、前後中心を縫う。

3

脚と足底を中表に合わせて縫う。

4

表に返す。

Step 14 胴を縫う

1 左右の前胴を中表に合わせ、前中心を縫う。

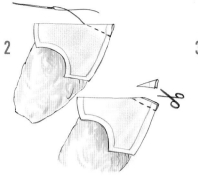

2 後ろ胴のダーツを縫い、縫い代をカットする。

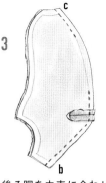

3 左右の後ろ胴を中表に合わせ、あき口を残して後ろ中心を縫う。

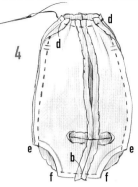

4 前後の胴を中表に合わせ、脇を縫う。腕のジョイント位置は1針飛ばして縫う。股のf〜fを縫う。首はぐし縫いをして絞る。

Step 15 脚をつける

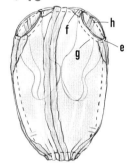

胴の前後を確認し、脚の左右も間違えないように中表に合わせて縫う。

Step 16 頭と腕を胴にジョイントする

頭のジョイントのピンを首の穴に差し込み、内側からボードとワッシャーをセットして、コッターキーやラジオペンチで固定する。腕も同様に。

Step 17 脚と胴にわたを詰める

つま先からわたを詰める。細い部分は棒状の道具を使うと詰めやすい。全体にふんわりと好みの抱き心地になるまでわたを詰める。

Step 18 あき口をとじる

肩と首の周辺にはしっかりとわたを詰め、背中のあき口をラダー・ステッチでとじる。

Step 19 腕にわたを詰める

手のひらの先からわたを詰め、肩の周辺は詰めすぎないように注意する。あき口をラダー・ステッチでとじる。

Step 20 手の刺繍をする

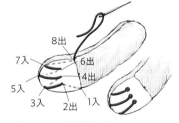

お好みで、3番刺繍糸1本どりでストレート・ステッチを3本、さらに、フレンチナッツ・ステッチを3つ刺す(→p.50)。

Step 21 しっぽを作る

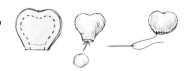

2枚を中表に合わせあき口を残して縫い、表に返す。少しわたを詰めてあき口の縫い代を中に折り込み、とじる。

Step 22 しっぽをつける

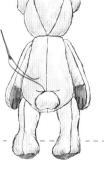

おしりのダーツの位置に耳つけと同じ手順でとじつける。

材料（1体分）

ラティニティモヘア：70×45cm（1/4ヤード）
ウルトラスエード（手のひら、足底）：20×20cm
ジョイント：直径4.5cmを3組み（首、脚）、直径3.2cmを2組み（腕）
グラスアイ（黒＋鉛茶色または黒＋ブルーグレー）：直径1.6cmを2個
3番刺繍糸（鼻と口の刺繍用）：80cm
化繊わた、つぶわた：各適量

作り方

頭を縫い終わったら、p.43を参照して耳までつける。

鼻と口の刺繍をしたら、p.44〜45を参照して腕、脚、胴を縫い、表に返す。

各パーツを胴にジョイントしたら、わたを詰め、あき口をラダー・ステッチでとじる。

縫い代＝0.5cm

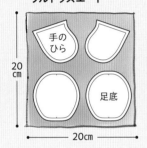

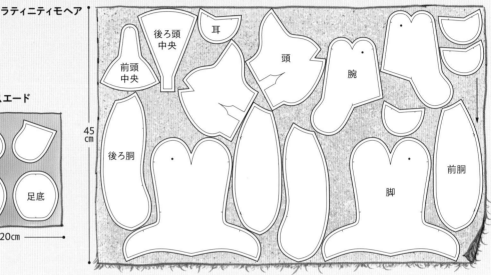

Step 1 頭を縫う

1
頭と首のダーツを縫う。

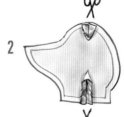

2
ダーツの縫い代をカットし、縫い代を割る。

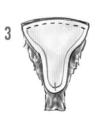

3
頭中央の前後を中表に合わせ、縫う。

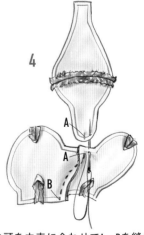

4
左右の頭を中表に合わせてA〜Bを縫い、頭中央のAとずれないように、右側に1針縫う。

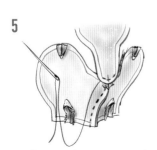

5
頭の縫い代を割り、頭中央と中表に合わせ、縫う。

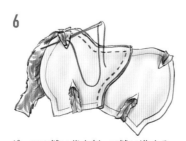

6
ダーツの縫い代を割って縫い進める。

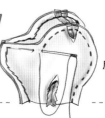

7
反対側も同様に縫う。

Step 2 鼻と口の刺繍

1

マズルの部分は、モヘアの毛をカットする。

2

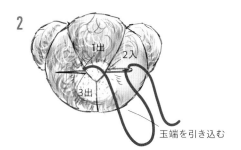

ぬいぐるみ用の針に刺繍糸を通し、首後ろあたりから針を入れ、
1に針を出し、糸端は頭の中に引き込む。鼻の大きさをイメージして6まで進み、
ガイドラインにする。

3

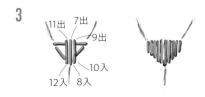

7〜8を中心線にして、左右対称に糸が1本ずつ
並ぶように刺繍をする。

4

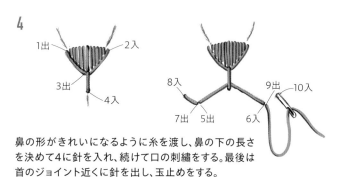

鼻の形がきれいになるように糸を渡し、鼻の下の長さ
を決めて4に針を入れ、続けて口の刺繍をする。最後は
首のジョイント近くに針を出し、玉止めをする。

Step 3 頭と腕、脚を胴にジョイントする

1

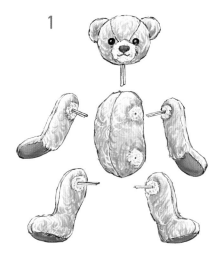

内腕、内脚のジョイント位置にジョイントボード、ワッ
シャーにカッターピンを通してセットし、ボードの部分
の毛をカットする。胴のジョイント位置には目打ちで穴
をあけ、ボードの部分の毛をカットする。

2

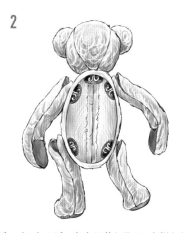

ジョイントのピンを穴に差し込み、内側からボードとワ
ッシャーをセットしてコッターキーやラジオペンチで固
定する。胴にわたを詰め、背中のあき口をラダー・ステ
ッチでとじたら、腕、脚も同様に仕上げる。縫い目に毛
が縫い込まれていたら目打ちを使って毛を引き出し、
全体にブラッシングをして毛並みを整える。

Patterns

頭中央

鼻

耳

前頭

後ろ頭

前胴

後ろ胴

しっぽ

腕

手のひら

脚

足底

わたの詰め方ポイント

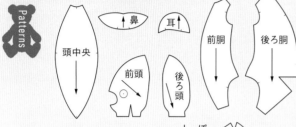

マズルはしっかりと詰めてふたをする

肩と首から胸にかけてはしっかりめに

手のひらはしっかりと、腕はやわらかく、肩は少なめに

脚のつけ根にはあまり入れずに、目立たないように縫ってもいい

おなかには入れすぎないように、おしりは多めに

つま先から足首まではしっかりと、脚はやわらかく

Bear C の作り方ポイント

🐻 材料（1体分）

スパースモヘア：140cm幅30cm
　＊115cm、25cmに切り分ける。染色については、p.50参照。
　ピンクに染色したスパースモヘア：115×30cm
　染色しないスパースモヘア（マズル、手のひら、足底）：25×30cm
エクセルスエード（鼻用）：5×5cm
コットン（マズルのふた用）：10×10cm
グラスアイ（黒+鉛茶色）：直径1.7cmを2個
プラスチックさし鼻（ワッシャーつき）：2.1cmを1個
5番刺繍糸（口の刺繍用）：1本どり40cm
化繊わた、つぶわた：各適量
ペレット、ステンレスボール：お好みで

🐻 裁断のポイント

腕、脚と胴を縫い合わせるため、カーブが多いパターン。縫い代は多くつけるととれてしまう原因になるので0.3cmにする。また、多くつけるとモヘアが足りなくなる可能性があるので注意。マズルと、目のつけ位置周辺の毛をカットしておく。

🐻 作り方

P.42〜44を参照して頭を作る。ただし、首にジョイントはセットしない。腕はダーツを縫い、内腕に手のひらを縫いつけたら、中表に半分に折って縫う。→ 脚はダーツを縫い、中表に半分に折って縫ったら、足底を中表に合わせて縫う。→ 胴は左右の前胴を中表に合わせ、前中心を縫う。後ろ胴のダーツを縫い、縫い代をカットしたら、左右の後ろ胴を中表に合わせ、あき口を残して後ろ中心を縫う。前後の胴を中表に合わせて脇を縫い、肩と股も縫う。→ 胴の前後、腕と脚の左右も間違えないように合わせて縫う。首はぐし縫いをして絞る。→ わたを詰め、背中のあき口をラダー・ステッチでとじる。→ 頭と胴をp.43の耳をつける要領でとじつけ、p.45を参照してしっぽをつける。

＊胴をやわらかくすると頭が重くなるので、おしりにペレットやステンレスボールなどを入れて、バランスをとったり、体重をコントロールする
＊首にジョイントを入れる場合は、直径4.5cm。

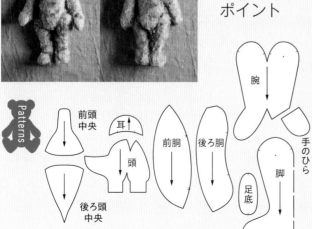

Patterns

前頭中央

耳

頭

前胴

後ろ胴

腕

手のひら

後ろ頭中央

足底

脚

Bear D の作り方ポイント

🐻 材料（1体分）

ソフトカーリーモヘア：70×55cm
ウルトラスエード（手のひら、足底）：20×15cm
ジョイント：直径5cmを3組み（首、脚）、直径4.5cmを2組み（腕）
ドイツ製エナメルグラスアイ（黒+ブラウン）：直径1.6cmを2個
25番刺繍糸（鼻と口の刺繍用）：6本どり80cm
化繊わた、ペレット：各適量

🐻 作り方

アンティーク風に毛先を染色（p.50）したモヘアを使用し、縫い代を0.4〜0.5cmつけて裁断したら、p.46〜47を参照してBのペアと同じ要領で作る。

クラシックタイプは硬くなるくらいに化繊わたを詰める。首のジョイントサイズが大きいので、頭は「わた詰め止り」までにする。頭が重くなるので、おしりにペレットを入れて重さのバランスを調整するといい。

材料のこと

■ 布

柔らかくてフワフワのプードルファーは、ポリエステル100％の起毛素材。裁断時、縫製時、穴をあけるときにほつれやすく、端から起毛部分が抜け落ちます。裁断したら早めに縫うようにしましょう。目とジョイント用の穴をあけるときは、裏から直径1.5cmの接着芯をアイロンで接着して布の補強をします。これを忘れると穴の部分から生地がほつれてくることがあります。この布地の唯一の欠点ですが、これさえ守れば抱き心地は満点です。布地幅は150cmで毛足は約1.5cm、Aのベアは30cmでぴったり作れるパターンにしました。

テディベア用に織られたモヘアの生地は、さまざまな種類があります。本書ではくせ毛のような毛並みのタイプを使用しています。Cのベアのように染色する場合は、オフホワイトなど色の淡いものを。高級感があり、しっかりとした布地なのでほつれにくく、接着芯での補強は不要です。顔、耳は毛並み方向をよく確認して裁断してください。布地幅は140cm前後が多く、1ヤード（約91cm）をさらに1/2、1/4、1/8ヤードにカットして販売されていることが多いです。Bのベアは、1/4ヤードで作れます。

手のひら、足底に使うのは、エクセルスエード。ほつれにくく扱いやすい人工皮革の一つです。薄くしなやかなスエードのような素材。フェルトを使っても素朴でかわいいです。

■ 糸

手縫いの場合は、丈夫で縫いやすいコーツ社の「デュアルデューティー」を使っています。ミシンの場合は「シャッペスパン」60番。口や鼻、爪の刺繍には、この本のサイズのベアだと3番刺繍糸がぴったりなのですが、5番や8番の2本どりや、25番6本どりでも。

■ 目玉

ハンドメイドのグラスアイは、剥製の義眼を作る老舗の中道義眼製作所製。グラスアイの中央部分にまっすぐワイヤーが刺さった状態での販売です。目もとから2cmの長さにニッパーでカットし、端から0.8cmのところをペンチで軽く曲げてU字にして使用します。ループを作る必要はありません。ワイヤーの端がガラスに当たらないように気をつけてください。割れの原因となります。ドイツ製のテディベア専用のグラスアイや、お手ごろなプラスチックのぬいぐるみ用などお好みで。

■ 詰め物

ほどよい弾力性のある化繊わたを使用します。くたくた感を出したい膝の部分には、つぶわたを使用するのもよいでしょう。モヘアのベアは、化繊わたをしっかりと詰めますが、プードルファーのベアは、頭以外はお好みで。化繊わたは1年後に10％減ると言われていますので、イメージより少し多めに詰めるのがいいでしょう。重りとして、ペレットやステンレスボールを使用しても。p.37の体重を参考にしてください。

■ ジョイント

頭、腕、脚が動くように胴に接続するためのものです。ハードボードのディスクとワッシャーを重ねて、カッターピンを刺しペンチで曲げて使用します。主にベアの材料専門店での購入となります。入手できないときは、プラスチックジョイントでも大丈夫ですが、モヘアのベアには不向きです。

道具のこと

■ 針

手縫い針は、布地の厚さや手に合った使いやすい長さのものを選びます。目や耳をつけたり、あき口をとじるときにはぬいぐるみ用の針を、鼻や口の刺繍にはフランス刺繍針を使います。

■ 目打ち

ソーイング用のものをジョイント位置や目をつける位置に穴をあけるときに使います。縫い込んだ毛を引き出すときにも便利です。

■ ペンチ

ジョイントのカッターピンを曲げたり、目玉のワイヤーを曲げたりするときに使用。小さめで扱いやすいラジオペンチがいいでしょう。

■ はさみ

紙切り用、布切り用、糸切り用を使い分けます。

■ ペン

プードルファーには布用の印つけペンを、モヘアやスエード類、パターンを作るときにはゲルインクボールペンの0.4～0.5mmを使用（ハイテックCを長年愛用しています）。

■ ミシン

大きなベアでもすべて手縫いで仕上がる場合もありますが、プードルファーはほつれやすいこともありミシンのほうが向いているので、お持ちのかたはお使いください。

縫い方、刺繍のこと

■ 半返し縫い

パーツを2枚縫い合わせるときの縫い方。針目の目安は0.3～0.4cmで、針を出したら半分戻って1針すくうを繰り返します。裏側は糸が重なった状態で進んでいきます。1針ごとにつれない程度に糸をしっかり引きながら縫います。

■ ラダー・ステッチ

あき口やパーツどうしをとじつけるときに用います。2枚の布を交互にすくって内側に糸を渡しながら縫っていくので、縫い上がると縫い目が見えなくなります。きれいなはしご状になるように同じ針目で布をすくいます。コの字とじともいいます。

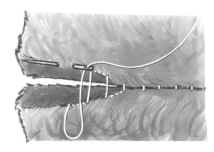

■ ストレート・ステッチ

■ フレンチナッツ・ステッチ

染色のこと

好みの色の材料が見つからない場合、白いモヘアを染色してみましょう。ドイツ製のモヘアは発色もよく染めやすいのですが、ポリエステル製のファーは染まりません。また、黒やこげ茶色のような濃い色に染めるのは不可能です。素材によっては光沢がなくなる場合もありますので、必ず試し染めをしてください。

・お湯で染めるタイプはNG!
・染料の説明書を必ずよく読むこと。
・植物、動物繊維の混紡品の場合は、2種類の助剤が必要。
・ぬるま湯は人肌程度まで、30～37度Cで。
・むらなく染めるには、たっぷりの染料を用意すること。
・モヘアの毛並みはとてもデリケートなので水を切るときは絶対に絞らない。

ピンクの染色データ

🐻 材料

コールダイオール (染料/みやこ染)：
　　レッド (02) 5g、ブラック (18) 0.5g (ぬるま湯7ℓ)
塩 (助剤)：30g (染め液1ℓに対して大さじ約½)
酢 (助剤)：100mℓ (染め液1ℓに対して大さじ約1)
ミカノール (色止め剤)：
　　10.5mℓ (キャップ3杯・ぬるま湯6ℓ)

アンティーク風
毛先の染色アイディア

🐻 1995年製作当時に販売していた染料をトールペイント用のスポンジばけに少量含ませて、裁断する前のモヘアの毛並みの表面をなでつけるように毛先にだけ色をつけました。また、ベアが出来上がってからも新しく染料を作り、足りない部分を染めています。30年近く経って、よりアンティーク感が増したようです。20年ほど前からは部分染めに「コピック」というアルコールマーカーも使用しています。染料インクのため布や糸を染めることが可能で、筆のようなペン先でベアの目のまわりに色を足したり、毛先だけを染めたりしています。

🧸 材料

プリント布A（ブルー）：65×35cm
プリント布B（白）：50×25cm
ボタン（またはスナップ）：
　　直径1cmを5個（直径1cmを5組み）
ノーカラーシャツ（p.8）
プリント布 　（ヨット柄）：65×40cm
ボタン（またはスナップ）：
　　直径1cmを4個（直径1cmを4組み）
両折れバイアステープ：1.2cm幅31cm
共通
接着芯：3×15cm

🧸 縫い方手順

1　見返しに接着芯をはり、しつけをする。
2　前後身頃と袖を縫い合わせる。
3　袖に袖口見返しをつける。
4　袖下、脇を続けて縫う。
5　衿を作る。
6　身頃に衿をつける。
7　裾を縫い、前端と衿にステッチをする。
8　ボタンホールをあけ、ボタンをつける。

＊縫い方ポイント
・スナップあきにする場合はボタンホール不要。
・p.8セーラーカラー＋ノーカラーシャツは、
　4まで同様に縫い、衿をつけずに衿ぐり、前端、裾を始末する。
・セーラーカラー（つけ衿）の作り方はp.61

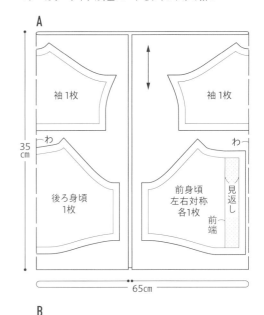

裁合せ図
＊指定以外は縫い代を1cmつけて裁つ
＊□□□に接着芯をはる
＊ノーカラーシャツは、全パーツをプリント布で裁つ

A
袖1枚　　袖1枚
35cm
わ　　わ
後ろ身頃 1枚
前身頃 左右対称 各1枚　見返し　前端

B
袖口見返し1枚
袖口見返し1枚
25cm
わ
ポケット 2枚
0.5
表衿・裏衿 各1枚
0.5　0.5
＊ポケットをつける場合
50cm

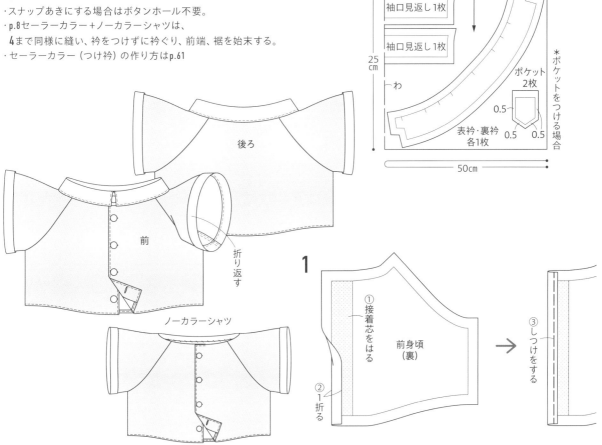

後ろ

前

折り返す

ノーカラーシャツ

1

①接着芯をはる

前身頃（裏）

②1折る

③しつけをする

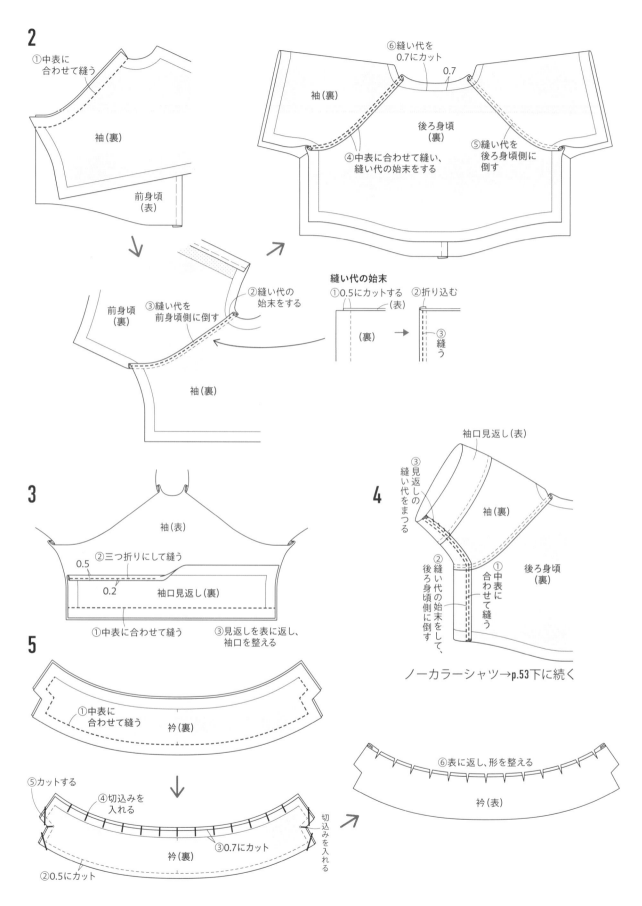

2

①中表に合わせて縫う

袖(裏)

前身頃(表)

②縫い代の始末をする

③縫い代を前身頃側に倒す

前身頃(裏)

袖(裏)

⑥縫い代を0.7にカット

0.7

袖(裏)

後ろ身頃(裏)

④中表に合わせて縫い、縫い代の始末をする

⑤縫い代を後ろ身頃側に倒す

縫い代の始末

①0.5にカットする

(表)

(裏)

②折り込む

③縫う

(裏)

3

袖(表)

②三つ折りにして縫う

0.5

0.2

袖口見返し(裏)

①中表に合わせて縫う

③見返しを表に返し、袖口を整える

4

袖口見返し(表)

③見返しの縫い代をまつる

袖(裏)

②縫い代の始末をして、後ろ身頃側に倒す

①中表に合わせて縫う

後ろ身頃(裏)

ノーカラーシャツ→p.53下に続く

5

①中表に合わせて縫う

衿(裏)

⑤カットする

④切込みを入れる

切込みを入れる

③0.7にカット

衿(裏)

②0.5にカット

⑥表に返し、形を整える

衿(表)

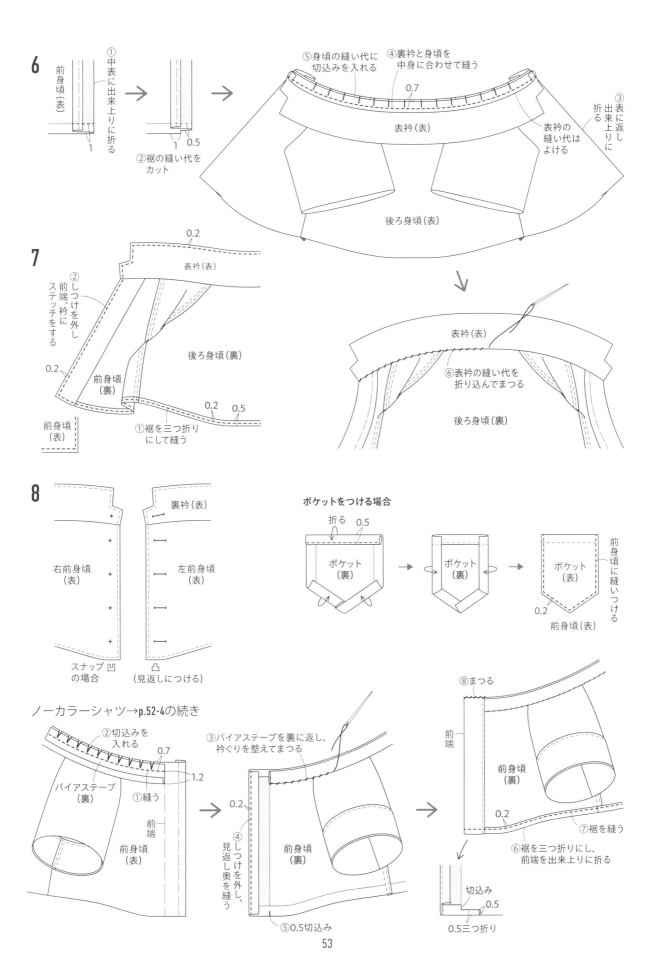

6

前身頃（表）

① 中表に出来上りに折る

1

→

② 裾の縫い代をカット

1
0.5

⑤ 身頃の縫い代に切込みを入れる

④ 裏衿と身頃を中身に合わせて縫う

0.7

表衿（表）

表衿の縫い代はよける

③ 表に返し出来上りに折る

後ろ身頃（表）

↓

表衿（表）

⑥ 表衿の縫い代を折り込んでまつる

後ろ身頃（裏）

7

表衿（表）

0.2

② しつけを外し前端、衿にステッチをする

後ろ身頃（裏）

0.2

前身頃（裏）

前身頃（表）

① 裾を三つ折りにして縫う

0.2　0.5

8

右前身頃（表）

+　+　+　+

スナップの場合　凹

裏衿（表）

—　—　—　—

左前身頃（表）

凸（見返しにつける）

ポケットをつける場合

折る　0.5

ポケット（裏）

→

ポケット（裏）

→

ポケット（裏）

前身頃に縫いつける

0.2

前身頃（表）

ノーカラーシャツ→p.52-4の続き

② 切込みを入れる

0.7

バイアステープ（裏）

① 縫う

1.2

前端

前身頃（表）

③ バイアステープを裏に返し、衿ぐりを整えてまつる

0.2

④ しつけを外し、見返し奥を縫う

前身頃（裏）

⑤ 0.5切込み

⑧ まつる

前端

前身頃（裏）

0.2

⑦ 裾を縫う

⑥ 裾を三つ折りにし、前端を出来上りに折る

切込み

0.5

0.5三つ折り

材料

薄手コーデュロイ：70×30㎝
セーラーパンツ (p.8)
中厚コットン (白)：70×30㎝
グログランリボン (ストライプ)：0.9㎝幅60㎝
共通
ゴムテープ：1.5㎝幅17㎝

縫い方手順 ◎＝セーラーパンツ (p.8)

◎前パンツ、後ろパンツにリボンを縫いつける。
1　前パンツ、後ろパンツの股上をそれぞれ縫う。
2　前後パンツの股下を縫う。
3　前パンツに前ベルトをつける。
4　脇を縫う。
5　後ろパンツのウエストにゴムテープを通す。
6　前ベルトをまつり、裾を縫う。
7　しっぽあき口の回りにステッチをする。

裁合せ図

＊指定以外は縫い代を1㎝つけて裁つ

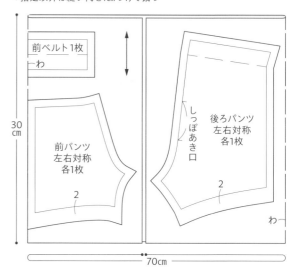

前ベルト1枚
わ

30㎝

前パンツ
左右対称
各1枚
2

しっぽあき口

後ろパンツ
左右対称
各1枚
2

わ

70㎝

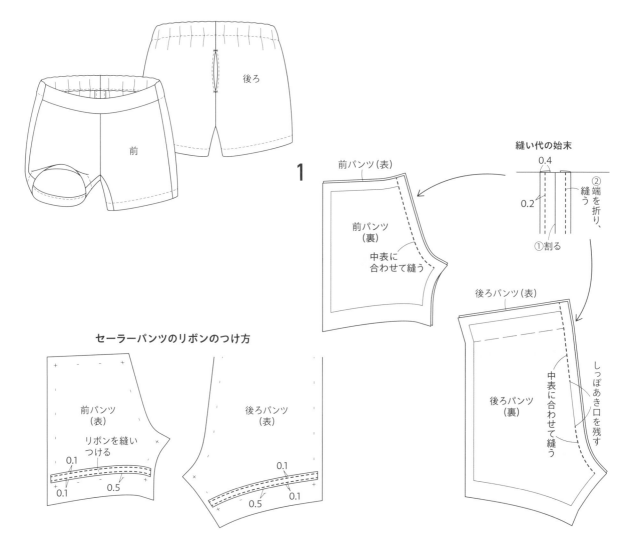

後ろ

前

1

前パンツ (表)

前パンツ
(裏)

中表に
合わせて縫う

縫い代の始末

0.4
0.2

②端を折り、
縫う

①割る

後ろパンツ (表)

後ろパンツ
(裏)

中表に合わせて縫う

しっぽあき口を残す

セーラーパンツのリボンのつけ方

前パンツ
(表)

リボンを縫い
つける
0.1
0.1　　0.5

後ろパンツ
(表)

0.1
0.5　　0.1

54

2

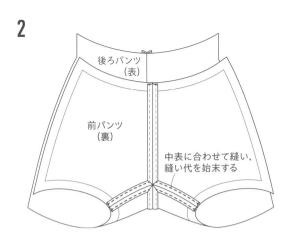

後ろパンツ（表）

前パンツ（裏）

中表に合わせて縫い、縫い代を始末する

3

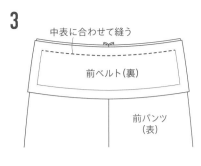

中表に合わせて縫う

前ベルト（裏）

前パンツ（表）

4

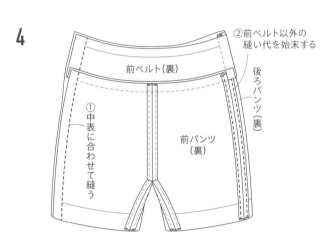

②前ベルト以外の縫い代を始末する

前ベルト（裏）

後ろパンツ（裏）

①中表に合わせて縫う

前パンツ（裏）

5

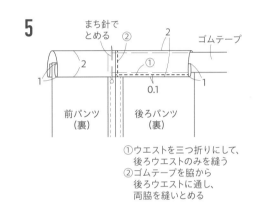

まち針でとめる

ゴムテープ

前パンツ（裏）

後ろパンツ（裏）

①ウエストを三つ折りにして、後ろウエストのみを縫う
②ゴムテープを脇から後ろウエストに通し、両脇を縫いとめる

6

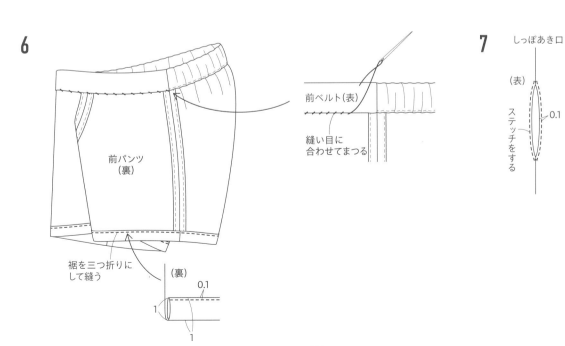

前パンツ（裏）

裾を三つ折りにして縫う

（裏）

前ベルト（表）

縫い目に合わせてまつる

7

しっぽあき口

（表）

ステッチをする

0.1

ワンピース 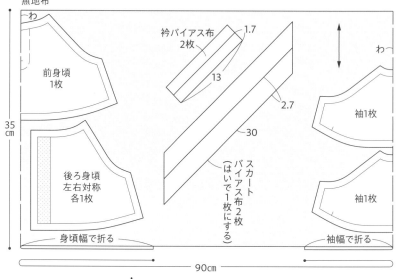 → p.6-10, 15, 17　実物大パターンB面（左下）

材料

無地布：90×35㎝
プリント布A（ブルー）：80×30㎝
プリント布B（白）：80×6㎝
レーステープ（衿用）：0.8㎝幅65㎝
スナップ：直径0.5㎝を2組み
リボンレース（飾り用）：4.2㎝幅65㎝
リボン土台テープ：3㎝幅4㎝
ノーカラーワンピース
プリント布（ヨット柄）：80×50㎝
無地布：18×16㎝
レーステープ（スカート用）：6㎝幅80㎝
両折れバイアステープ：1.2㎝幅31㎝
共通
接着芯（薄手）：15×10㎝
ボタン（またはスナップ）：
　　直径0.9㎝3個（直径0.9㎝を3組み）

縫い方手順

・表見返し、後ろ見返しに接着芯をはる。
1　表見返しを作り、前身頃につける。
2　後ろ見返しの端を折って縫う。
3　前後身頃と袖を縫い合わせる。
4　袖下と脇を縫い、縫い代を始末する。
5　衿を作る。
6　衿をつけ、衿ぐりをバイアス布でくるむ。
7　袖口にギャザーを寄せ、袖口布でくるむ。
8　後ろ見返しをまつり、ボタンホールを作り、ボタンをつける。
9　スカート上下をそれぞれ輪に縫い、ギャザーを寄せる。
10　身頃にスカートをつける。
11　前身頃にスナップをつける。
12　リボン飾りを作る。

＊縫い方ポイント
・スナップあきにする場合はボタンホール不要。
・◎p.8セーラーカラー＋ノーカラーワンピースは、
　4まで同様に縫い、衿ぐりを0.7㎝にカットして
　ノーカラーシャツ（p.53）を参照して縫う。
　スカート上下布の間にレーステープをはさむ。
・セーラーカラー（つけ衿）の作り方はp.61

裁合せ図

＊指定以外は縫い代を1㎝つけて裁つ
＊ □ に接着芯をはる
＊ノーカラーワンピースはプリント布で袖口布以外のパーツを裁ち、
　無地布で袖口布を裁つ

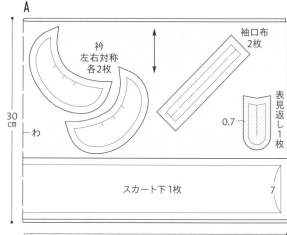

ノーカラーワンピース

56

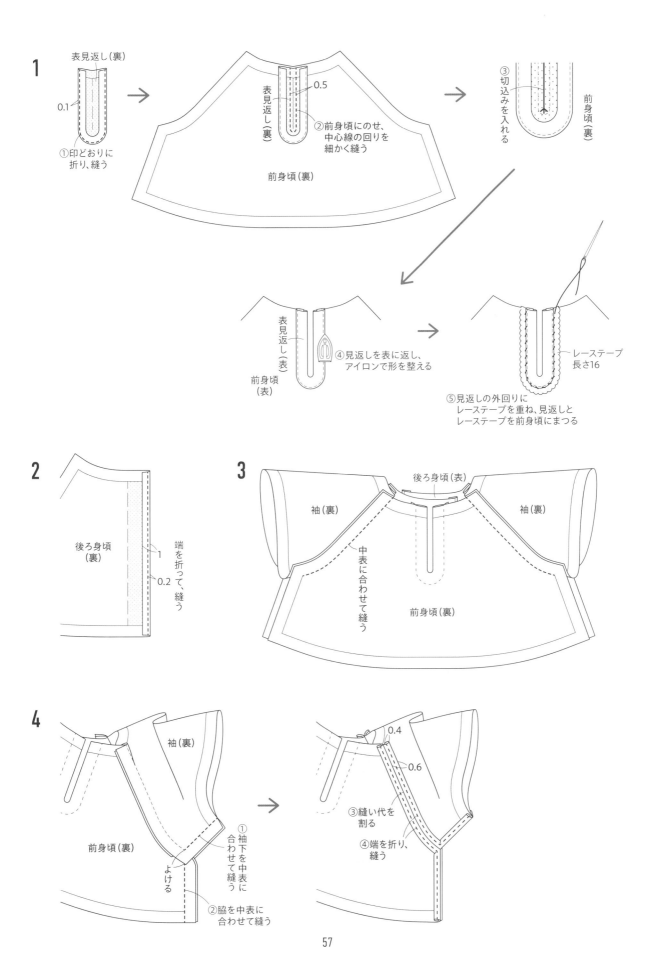

1

表見返し(裏)

0.1

①印どおりに折り、縫う

表見返し(裏)

②前身頃にのせ、中心線の回りを細かく縫う

0.5

前身頃(裏)

③切込みを入れる

前身頃(裏)

表見返し(表)

前身頃(表)

④見返しを表に返し、アイロンで形を整える

⑤見返しの外回りにレーステープを重ね、見返しとレーステープを前身頃にまつる

レーステープ長さ16

2

後ろ身頃(裏)

端を折って、縫う

1

0.2

3

袖(裏)

後ろ身頃(表)

袖(裏)

中表に合わせて縫う

前身頃(裏)

4

袖(裏)

前身頃(裏)

①袖下を中表に合わせて縫う

よける

②脇を中表に合わせて縫う

0.4

0.6

③縫い代を割る

④端を折り、縫う

5

①中表に合わせて縫う

衿(裏)

(表)

②縫い代を0.5にカット

→

③表に返してアイロンで形を整える

表衿(表)

前

後ろ

(裏)

→

④0.2重ねて縫う

裏衿(表)

後ろ

前

*2枚作る

レーステープ長さ22

6

①縫う

後ろ身頃(表)

表衿(表)

前身頃(表)

袖(表)

→

②縫い代を0.5にカット

前身頃(裏)

後ろ身頃(裏)

袖(裏)

↙

④バイアス布を重ね出来上りを縫う

③切込みを入れる

0.5

後ろ端

(裏)

後ろ身頃(表)

表衿(表)

前身頃(表)

袖(表)

→

端を折り込む

後ろ身頃(裏)

前身頃(裏)

袖(裏)

⑤縫い代をくるんで端を縫う

表衿(表)

*反対側の衿も同じ要領でつける

身頃(裏)

衿(表)

7

①粗い縫い目でぐし縫いする

後ろ身頃(裏)

袖(表)

②糸を引いてギャザーを寄せる

前身頃(表)

↓

③輪に縫い、縫い代を割る

袖口布(裏)

わ

1

④1折る

袖口布(裏)

1

袖(表)

⑤縫い合わせる

はぎ目を合わせる

→

⑥縫い代をくるみ、端を縫う

袖口布(表)

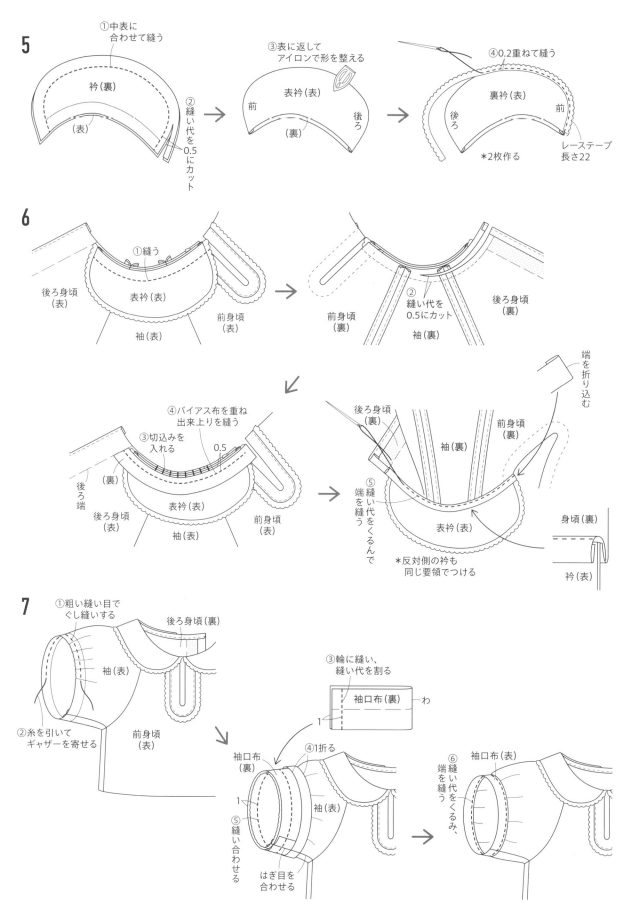

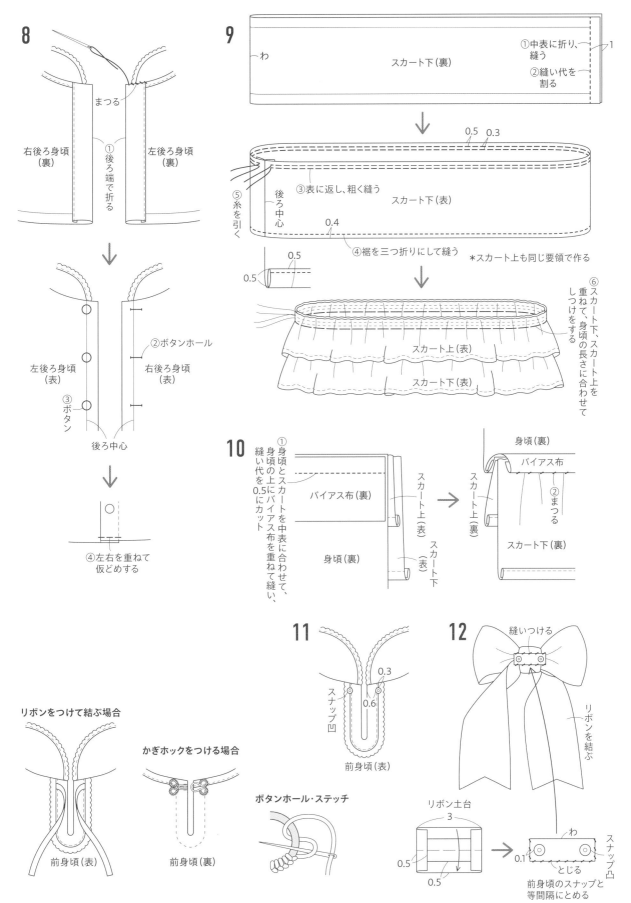

8

まつる

右後ろ身頃（裏）　左後ろ身頃（裏）

①後ろ端で折る

②ボタンホール

左後ろ身頃（表）　右後ろ身頃（表）

③ボタン

後ろ中心

④左右を重ねて仮どめする

9

わ

スカート下（裏）

①中表に折り、縫う　1

②縫い代を割る

0.5　0.3

⑤糸を引く

後ろ中心

③表に返し、粗く縫う

スカート下（表）

0.4

④裾を三つ折りにして縫う

0.5

0.5

＊スカート上も同じ要領で作る

⑥スカート下、スカート上を重ねて、身頃の長さに合わせてしつけをする

スカート上（表）

スカート下（表）

10

①身頃とスカートを中表に合わせて、身頃の上にバイアス布を重ねて縫い、縫い代を0.5にカット

バイアス布（裏）

身頃（裏）

スカート上（表）

スカート下（表）

身頃（裏）

バイアス布

スカート上（表）

②まつる

スカート上（裏）

スカート下（裏）

11

0.3

0.6

スナップ凹

前身頃（表）

ボタンホール・ステッチ

12

縫いつける

リボンを結ぶ

リボン土台

3

0.5

0.5

わ

0.1

とじる

スナップ凸

前身頃のスナップと等間隔にとめる

リボンをつけて結ぶ場合

前身頃（表）

かぎホックをつける場合

前身頃（裏）

ドロワーズ photo → p.6-8, 10　実物大パターンB面（左中）

🧸 材料

コットン：70×25cm
ギャザーコットンレース：6cm幅50cm
ソフトゴムテープ：0.35cm幅60cm

🧸 縫い方手順

1　前後中心をそれぞれ袋縫いする。
2　股下を袋縫いする。
3　しっぽあき口の回りを縫う。
4　裾を三つ折りにして縫い、ゴムテープを通す。
5　裾にレースを縫いつける。
6　ウエストを三つ折りにして縫い、ゴムテープを通す。

裁合せ図

＊縫い代を1.5cmつけて裁つ

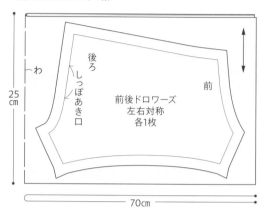

1

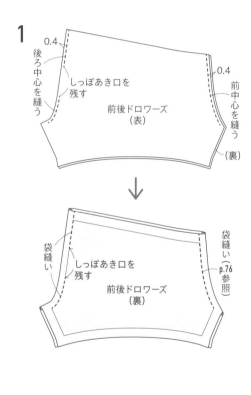

2、4

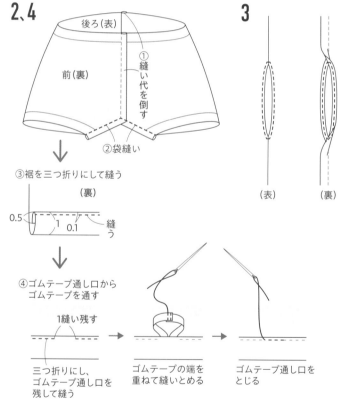

3

5

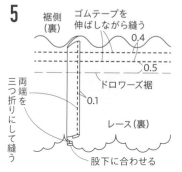

6

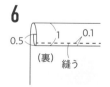

ウエストを三つ折りにし、
ゴムテープ通し口を残して縫う。
裾と同様にゴムテープを通し、
通し口をとじる。

セーラーカラー（つけ衿） photo → p.8　実物大パターンB面（右上）

🐻 材料

中厚コットン（白）：45×20㎝
グログランリボン（ストライプ）：0.9㎝幅50㎝
スナップ：直径0.6㎝を2組み

🐻 縫い方手順

1　表衿にリボンを縫いつける。
2　表衿と裏衿を中表に合わせ、返し口を残して縫い合わせる。
3　表に返し、返し口をとじる。
4　表胸当て、裏胸当てを中表に合わせ、返し口を残して縫う。
5　表に返し、返し口をとじ、スナップをつける。
6　裏衿に胸当てをまつりつけ、スナップをつける。

裁合せ図

＊縫い代を0.7㎝つけて裁つ

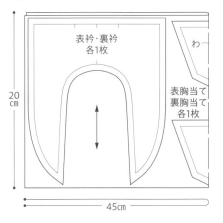

1

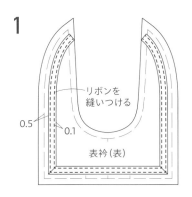

2

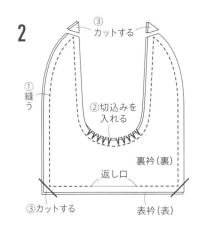

3

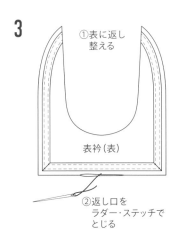

4

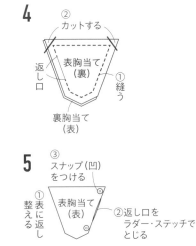

5

6

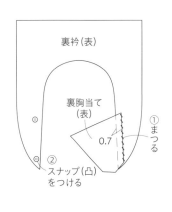

61

セーラーハット photo → p.8　実物大パターンB面（右上）

材料

中厚コットン（白）：110㎝幅10㎝
接着芯：90㎝幅20㎝
グログランリボン（ストライプ）
　：0.9㎝幅33㎝

縫い方手順

1　3枚ずつ縫い合わせたクラウンを
　　2組み作り、中表に縫い合わせ、
　　ステッチをする。
2　表ブリム、裏ブリムをそれぞれ縫う。
3　表ブリムと裏ブリムを縫い合わせる。
4　表ブリムにリボンを縫いつける。
5　クラウンとブリムを縫い合わせ、
　　縫い代を内側に折り込んで縫いとめる。

裁合せ図

＊縫い代を0.5㎝つけて裁つ
＊ □ に接着芯をはる

わ　10㎝
表ブリム 2枚　裏ブリム 2枚
クラウン 6枚
110㎝幅

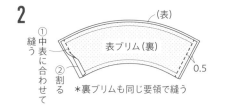

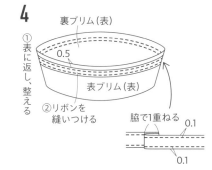

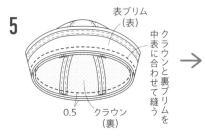

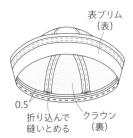

クラウンハット photo → p.5　実物大パターンB面（右上）

材料（大、小各1個分または中2個分）

フェルト（白）：20×20㎝
ポンポン（白）：直径1.25㎝各1個

大1枚　小1枚　20㎝　20㎝
中1枚　中1枚　20㎝　20㎝

ポンポン
②接着剤でつける
細かく
徐々に粗く
①かがる

縫い方手順

1　側面両端を突き合わせてかがる。トップから1/3までは細かく、徐々に粗くかがる。
2　縫い目の左右を軽く引っ張って縫い目をならし、円すいに形を整える。
3　トップにポンポンを接着剤でつける。

🧸 材料

フェルトまたはダブルフェース：100×45cm
コットン：55×45cm
江戸打ちひも：35cm
竹ボタン：直径0.5cm、長さ2.3cmを2個
ボタン：直径1.3cmを2個

🧸 縫い方手順

1 前後身頃に袖をつける。
2 袖下から脇を続けて縫う。
3 表耳を作る。
4 表フードを作る。
5 前後身頃と表フードを縫い合わせる。
6 見返しと裏フードを作り、縫い合わせる。
7 前後身頃、表フードと見返し、裏フードを縫い合わせ、裾も始末する。
8 タブを作る。
9 フードにボタンとタブをつける。
10 飾り布つけ位置にひもを仮どめし、ひも端に飾り布をのせて縫いとめる。

＊縫い方ポイント

・ジャストサイズの袖口はベアに着せて、腕の長さ＋縫い代1cmに袖丈をカットして袖口を二つ折りにして縫う。
・袖口布をつけた袖口はベアに着せて、折り返す寸法分の幅の袖口布をつける。

裁合せ図

＊指定以外は縫い代を1cmつけて裁つ

フェルトまたはダブルフェース

表タブ 1枚
0.7
0.7
表フード中央 1枚
袖 2枚
表耳 左右対称 各1枚 切込み
わ
0
（袖口布をつける場合は1）
飾り布 4枚
0.3
0.7
0.7
後ろ身頃 1枚
前身頃 左右対称 各1枚
0
表フード 左右対称 各1枚

45cm

100cm

コットン

裏タブ 1枚
0.7
0.7
0.7
裏フード中央 1枚
見返し 左右対称 各1枚
裏耳 左右対称 各1枚 切込み
0.3
0.7
0.7
わ
裏フード 左右対称 各1枚
45cm
寸法
折り返す
袖口寸法
袖口布 2枚

55cm

後ろ

前

折り返す

ジャストサイズの袖口
0.5

袖口布をつけた袖口
折り返す

63

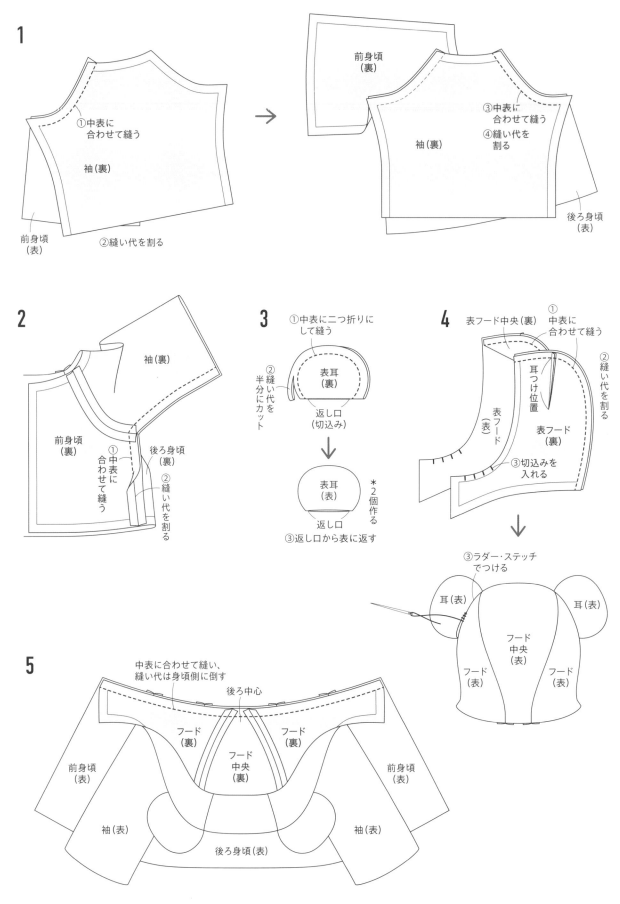

1

①中表に
合わせて縫う

袖(裏)

前身頃
(表)

②縫い代を割る

前身頃
(裏)

③中表に
合わせて縫う

④縫い代を
割る

袖(裏)

後ろ身頃
(表)

2

袖(裏)

前身頃
(裏)

①中表に
合わせて縫う

後ろ身頃
(裏)

②縫い代を割る

3

①中表に二つ折りに
して縫う

②縫い代を
半分にカット

表耳
(裏)

返し口
(切込み)

表耳
(表)

＊2
個
作
る

返し口

③返し口から表に返す

4

表フード中央(裏)

①中表に
合わせて縫う

②縫い代を割る

耳つけ位置

表フード
(表)

表フード
(裏)

③切込みを
入れる

③ラダー・ステッチ
でつける

耳(表)

耳(表)

フード
中央
(表)

フード
(表)

フード
(表)

5

中表に合わせて縫い、
縫い代は身頃側に倒す

後ろ中心

フード
(裏)

フード
(裏)

フード
中央
(裏)

前身頃
(表)

前身頃
(表)

袖(表)

袖(表)

後ろ身頃(表)

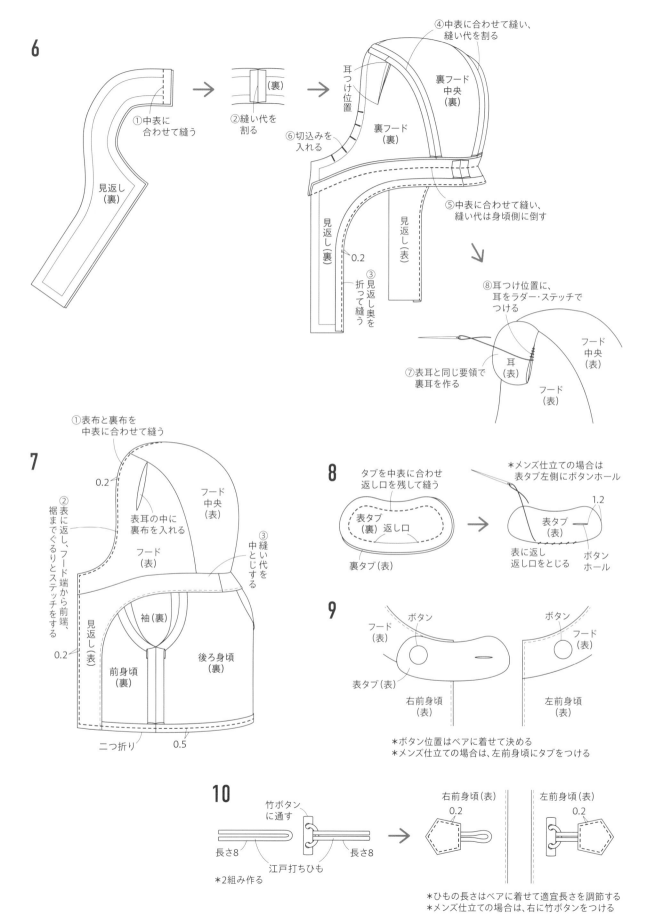

6

①中表に合わせて縫う

②縫い代を割る

見返し（裏）

（裏）

④中表に合わせて縫い、縫い代を割る

裏フード中央（裏）

耳つけ位置

裏フード（裏）

⑥切込みを入れる

見返し（裏）

見返し（表）

0.2

③見返し奥を折って縫う

⑤中表に合わせて縫い、縫い代は身頃側に倒す

⑧耳つけ位置に、耳をラダー・ステッチでつける

⑦表耳と同じ要領で裏耳を作る

耳（表）

フード中央（表）

フード（表）

7

①表布と裏布を中表に合わせて縫う

0.2

フード中央（表）

表耳の中に裏布を入れる

②表に返し、フード端から前端、裾までぐるりとステッチをする

③縫い代を中とじする

フード（表）

見返し（表）

0.2

袖（裏）

前身頃（裏）

後ろ身頃（裏）

二つ折り

0.5

8

タブを中表に合わせ返し口を残して縫う

表タブ（裏）返し口

裏タブ（表）

＊メンズ仕立ての場合は表タブ左側にボタンホール

1.2

表タブ（表）

表に返し返し口をとじる

ボタンホール

9

ボタン

フード（表）

表タブ（表）

右前身頃（表）

ボタン

フード（表）

左前身頃（表）

＊ボタン位置はベアに着せて決める
＊メンズ仕立ての場合は、左前身頃にタブをつける

10

竹ボタンに通す

長さ8

江戸打ちひも

長さ8

＊2組み作る

右前身頃（表）

0.2

左前身頃（表）

0.2

＊ひもの長さはベアに着せて適宜長さを調節する
＊メンズ仕立ての場合は、右に竹ボタンをつける

材料

ダブルフェース：45×30㎝
竹ボタン：直径0.5㎝、長さ2.3㎝を2個
江戸打ちひも：30㎝

縫い方手順

1　側面を縫う。
2　側面と底を縫い合わせる。
3　側面とはき口布を縫い合わせる。
4　竹ボタンの飾りを前中央につける。

＊縫い方ポイント
・側面と底は左右があるので間違えないように注意。
・生地は合成皮革とフェルトのダブルフェース地を
　裁ちっぱなしで使用。
・裁ちっぱなしにしない場合は、はき口布の周囲にも
　縫い代をつけ裏つきにする。

裁合せ図

＊指定以外は縫い代を0.7㎝つけて裁つ

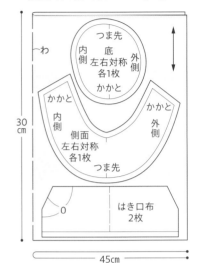

わ

つま先
内側　底　外側
左右対称
各1枚
かかと

かかと　かかと
内側　外側
側面
左右対称
各1枚
つま先

30㎝

0　はき口布
2枚

45㎝

1

①中表に合わせて縫う
②切込み
わ
側面（裏）

2

②中表に合わせて縫う
側面（裏）
①縫い代を割る
かかと　底（裏）　つま先

3

はき口布（裏）
中表に合わせて縫う
側面（裏）

4

江戸打ちひも　長さ15
テープを巻く（ほつれどめ）
竹ボタンに通す

→

①縫いつける
はき口布（裏）
4.5　側面（裏）

→

③折り返す
②縫いつける
（表）

はき口布が裏つきの場合

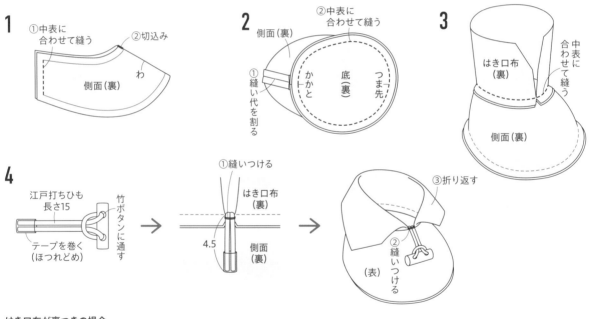

裏はき口布（表）
0.7
表はき口布（裏）
①中表に合わせて縫う

↓

表はき口布（表）
裏はき口布（裏）
②表に返す

→

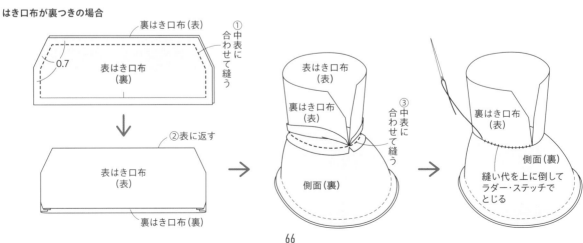

表はき口布（表）
裏はき口布（表）
側面（裏）
③中表に合わせて縫う

→

裏はき口布（表）
側面（裏）
縫い代を上に倒してラダー・ステッチでとじる

66

🧸 材料

サテン：120㎝幅115㎝
レース：50×15㎝
オーガンジー：100×75㎝
スパンコールモチーフレース
　（パール、ビーズつき・ビスチェ用）：12×7㎝
レーステープ（スパンコール、ビーズつき・トレーン、
　前スカート用）：6㎝幅110㎝、9㎝幅80㎝

花モチーフ（ビジューつき・後ろスカート、オーバースカート用）
　：6×12㎝を5個
花モチーフ（パールつき・後ろスカート、トーレン用）
　：直径3㎝を6個
接着芯（スーパーハード）：40×8㎝
ゴムテープ：1㎝幅35㎝
面ファスナー：5×4.5㎝
スナップ（半透明）：直径1㎝を2組み
ワイヤー：#20を24㎝
手芸わた：適宜

裁合せ図

＊指定以外は縫い代を1㎝つけて裁つ
＊ [ ] に接着芯をはる

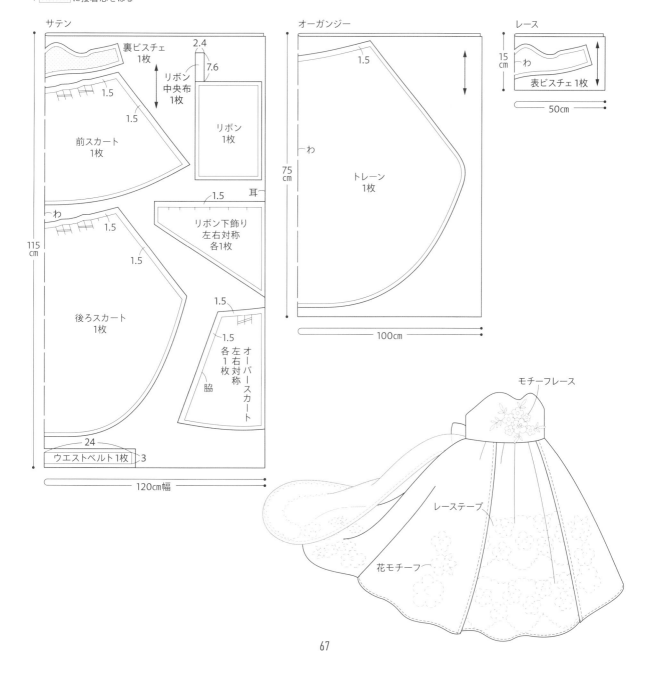

ビスチェ

🐻 縫い方手順

1 上部を残して縫い合わせる。
2 表に返して上部をとじ、面ファスナーと
　スナップをつける。
3 前中心にモチーフレースを縫いつける。

＊縫い方ポイント
・縫い代の切込み部分がベアの脇になる。
　1の段階でベアのボディに巻いて
　フィット感を確認し、面ファスナーの位置を
　微調整してサイズを決定する。
・面ファスナーが表から見えないように、
　テープを適宜カットしてつける。

＊飾るときのポイント
・室内で飾る場合はベールをベアの頭にのせたら
　小さなピンで数か所とめつける。
・結婚式のお色直しでウェイティングベア
　として使う場合はベールの中央と両端を軽く
　縫いとめる。パニエの下にドロワーズ（p.60）
　をはかせて飾る。

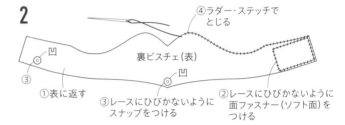

1

②切込み
裏ビスチェ（裏）
表ビスチェ（表）
①中表に合わせて
上部を残して縫う

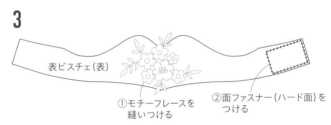

2

④ラダー・ステッチで
とじる
裏ビスチェ（表）
③凹
①表に返す
③レースにひびかないように
スナップをつける
②凹
②レースにひびかないように
面ファスナー（ソフト面）を
つける

3

表ビスチェ（表）
①モチーフレースを
縫いつける
②面ファスナー（ハード面）を
つける

スカート

🐻 縫い方手順

1 前スカートのタックをたたんで仮どめし、
　裾を縫い、レーステープを縫いつける。
　後ろスカートも同じ要領で縫い、花モチーフを縫いつける。
2 オーバースカートのタックをたたんで仮どめし、
　裾と前端を縫い、花モチーフを縫いつける。

1

①タックをたたみ、仮どめする
レース
つけ止り
0.5
0.5
前スカート（表）
0.3
②三つ折りに
して縫う
裾にレーステープ（幅9）
を2段縫いつける

①タックをたたみ、仮どめする
0.5
0.5
後ろスカート
（表）
花モチーフを
縫いつける
②三つ折りに
して縫う
0.3
花モチーフ（直径3）
を縫いつける

2

①タックをたたみ仮どめする
オーバー
スカート
（表）
花モチーフを
縫いつける
0.3
0.5
0.5
0.5
②三つ折りにして縫う

3

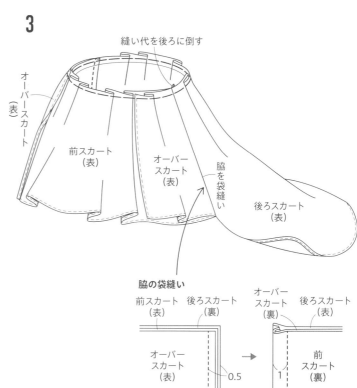

縫い代を後ろに倒す

オーバースカート（表）

前スカート（表）

オーバースカート（表）

脇を袋縫い

後ろスカート（表）

脇の袋縫い

前スカート（表）　後ろスカート（裏）

オーバースカート（表）

外表に縫う

0.5

→

オーバースカート（裏）　後ろスカート（表）

前スカート（裏）

1

中表に縫う

3　前スカートにオーバースカートを重ねて
　仮どめし、脇を袋縫いする。

4　トレーンのウエスト以外を三つ折りにして縫い、
　裾にレーステープと花モチーフを縫いつける。
　リボン、リボン下飾りを作る。

5　後ろスカートにギャザーを寄せたトレーン、
　リボン下飾りを仮どめする。

6　ウエストにウエストベルトをつけ、
　ゴムテープを通す。

7　後ろ中心にリボンを縫いとめ、前後中心に
　スナップをつける。

4

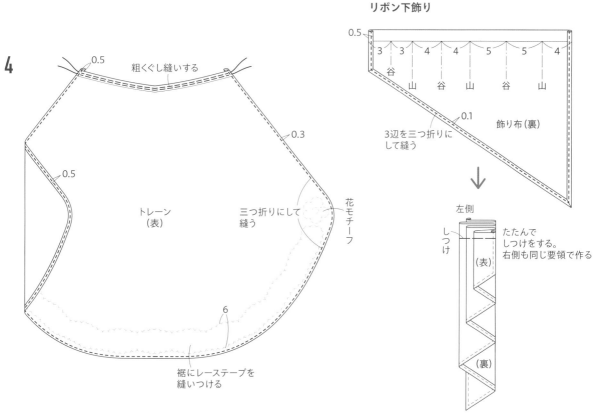

0.5　粗くぐし縫いする

0.3

0.5

トレーン（表）

三つ折りにして縫う

花モチーフ

6

裾にレーステープを縫いつける

リボン下飾り

0.5

3　3　4　4　5　5　4

谷　山　谷　山　谷　山

0.1

飾り布（裏）

3辺を三つ折りにして縫う

↓

左側

しつけ

（表）

（裏）

たたんでしつけをする。右側も同じ要領で作る

69

リボン

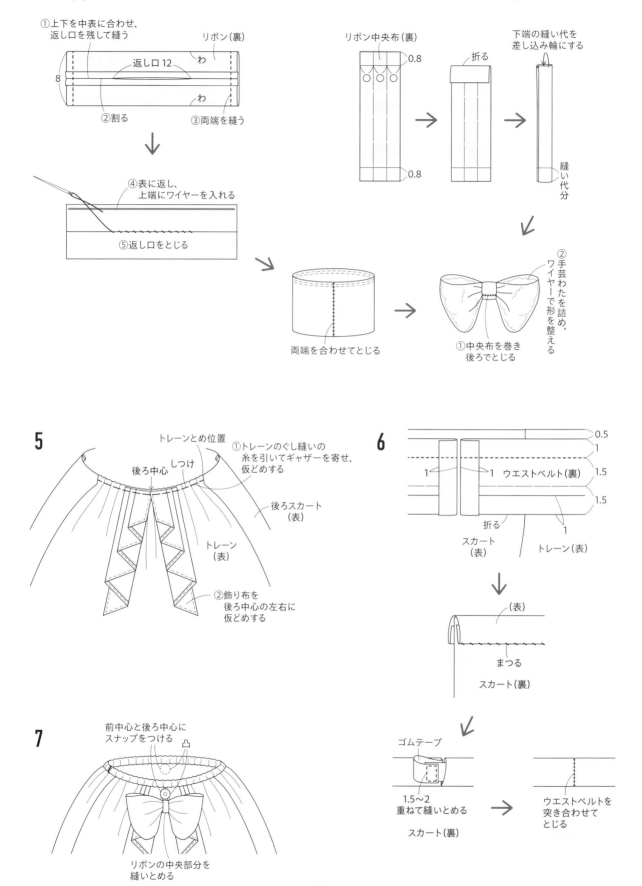

①上下を中表に合わせ、返し口を残して縫う

リボン(裏)

わ

返し口 12

8

②割る

わ

③両端を縫う

④表に返し、上端にワイヤーを入れる

⑤返し口をとじる

リボン中央布(裏)

0.8

0.8

折る

下端の縫い代を差し込み輪にする

縫い代分

両端を合わせてとじる

②手芸わたを詰め、ワイヤーで形を整える

①中央布を巻き後ろでとじる

5

トレーンとめ位置

しつけ

後ろ中心

①トレーンのぐし縫いの糸を引いてギャザーを寄せ、仮どめする

後ろスカート(表)

トレーン(表)

②飾り布を後ろ中心の左右に仮どめする

6

0.5

1

1

1

ウエストベルト(裏)

1.5

1.5

折る

スカート(表)

1

トレーン(表)

(表)

まつる

スカート(裏)

ゴムテープ

1.5～2
重ねて縫いとめる

スカート(裏)

ウエストベルトを突き合わせてとじる

7

前中心と後ろ中心にスナップをつける

凸

リボンの中央部分を縫いとめる

ベール  → p.18-22

🧸 材料

チュール（ソフト）：110×50㎝
オーガンジーリボン（両端フリルつき）：5㎝幅110㎝
花モチーフ（パールつき）：直径3㎝を12個

🧸 縫い方手順

1 二つ折りにしたチュールの端から20㎝くらいの
　ところを縫い縮め、わをカットする。
2 リボン飾りを作る。
3 チュールの縫い縮めたところにリボンを縫いとめ、
　中央布に好みのモチーフ、裾側に好みのパーツを
　縫いつける。

＊縫い方ポイント
・チュールはベアの耳から耳までの長さに合わせて
　縫い縮める。
・花モチーフ、リボンは、好みのものを好みの
　バランスにアレンジする。

裁合せ図

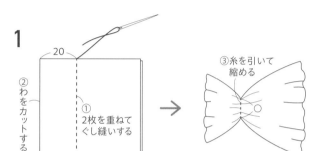

1

2

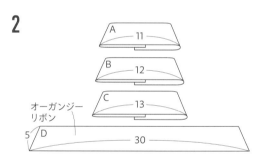

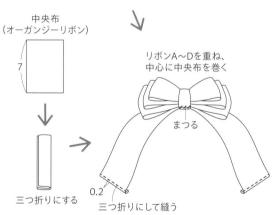

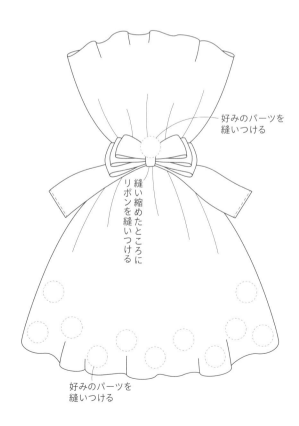

裁合せ図

＊指定以外は縫い代を1cmつけて裁つ

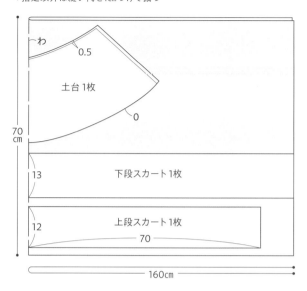

材料

チュール（ハード）：160×70cm
バイアステープ：2.5cm幅46cm
ゴムテープ：0.4cm幅37cm

縫い方手順

1　土台を中表に合わせ、しっぽあき口を残して縫う。
2　上段スカート、下段スカートをつけ位置のサイズに
　　合わせてギャザーを寄せる。
3　土台にスカートを縫いつける。
4　ウエストをバイアステープでくるみ、ゴムテープを通す。

＊縫い方ポイント
・上下段のスカートつけ位置には、消えるタイプの
　印つけマーカーで印をつける。
・ギャザーの分量は、上段は後ろを多め、両サイド
　は少なめ。下段はほぼ均等になるようにする。

1

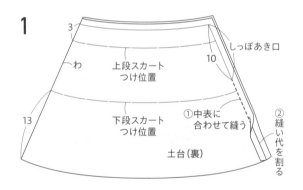

2

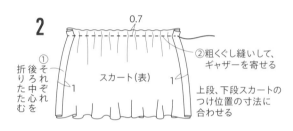

3

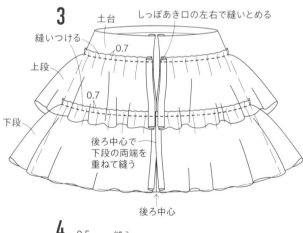

4

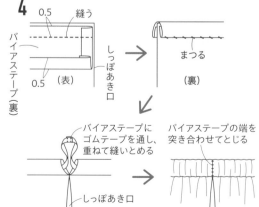

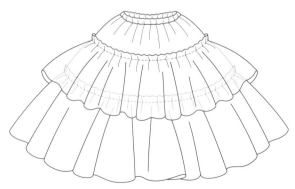

🐻 材料

サテン（グレー）：120cm幅×60cm
サテン（黒）：50×40cm
シルクサテン（黒）：35×25cm
接着芯：45×35cm
足つきビジューボタン：直径1.2cm1個
ゴムテープ：0.8cm幅35cm

ジャケット

🐻 縫い方手順

1　後ろ中心をスリット止まで縫い合わせる。
2　前身頃と後ろ身頃の肩、脇を縫い合わせる。
3　前身頃に左胸ポケット、腰ポケットをまつりつける。
4　表衿、裏衿を中表に縫い合わせる。
5　見返し奥を出来上りに折って縫う。
6　身頃に見返しと衿をつける。
7　見返しを表に返し、形を整える。
8　裾を三つ折りにして縫い、後ろ身頃のスリットを
　　始末する。
9　袖下を縫う。
10　袖を身頃につけ、袖口を三つ折りにして縫う。
　　右前身頃に飾りボタンをつける。

＊縫い方ポイント
・ベアの手の長さに合わせて袖丈を変える場合は、
　袖下の長さで調整する。

裁合せ図

＊指定以外は1cmの縫い代をつけて裁つ
＊ □ に接着芯をはる

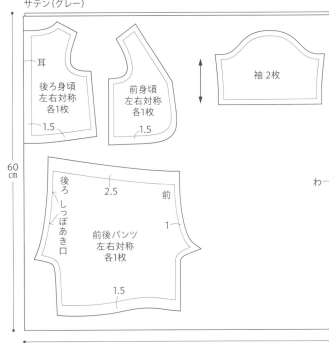

サテン（グレー）

耳
後ろ身頃
左右対称
各1枚
1.5

前身頃
左右対称
各1枚
1.5

袖 2枚

60cm

わ

後ろ　しっぽあき口
2.5　前
前後パンツ
左右対称
各1枚
1
1.5

120cm幅

シルクサテン（黒）

表衿 1枚
腰ポケット
2枚
わ
左胸ポケット
1枚

25cm

35cm

サテン（黒）

見返し 1枚
わ
裏衿
1枚

40cm

50cm

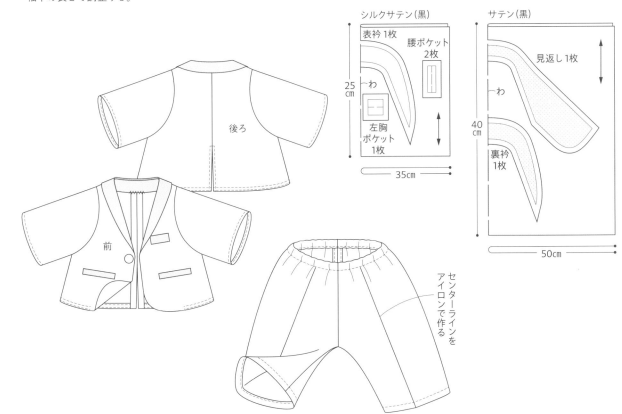

後ろ

前

センターラインをアイロンで作る

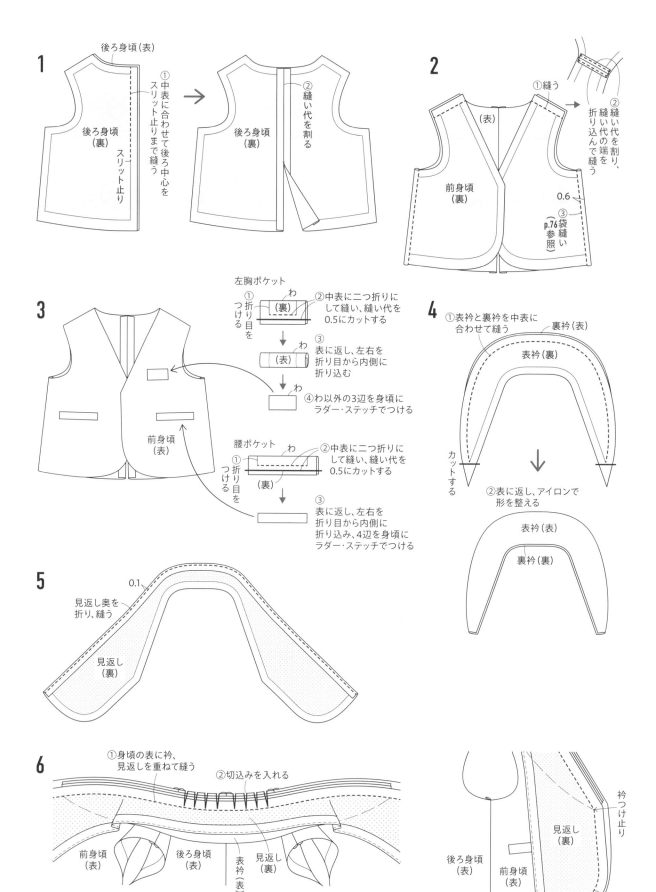

1

後ろ身頃(表)

① 中表に合わせて後ろ中心をスリット止りまで縫う

後ろ身頃(裏)

スリット止り

スリット

② 縫い代を割る

後ろ身頃(裏)

2

(表)

① 縫う

② 縫い代を割り、縫い代の端を折り込んで縫う

前身頃(裏)

0.6

③ p.76袋縫い参照

3

左胸ポケット

① 折り目をつける

わ (裏)

② 中表に二つ折りにして縫い、縫い代を0.5にカットする

わ (表)

③ 表に返し、左右を折り目から内側に折り込む

わ

④ わ以外の3辺を身頃にラダー・ステッチでつける

前身頃(表)

腰ポケット

① 折り目をつける

わ (裏)

② 中表に二つ折りにして縫い、縫い代を0.5にカットする

③ 表に返し、左右を折り目から内側に折り込み、4辺を身頃にラダー・ステッチでつける

4

① 表衿と裏衿を中表に合わせて縫う

裏衿(表)

表衿(裏)

カットする

② 表に返し、アイロンで形を整える

表衿(表)

裏衿(裏)

5

0.1

見返し奥を折り、縫う

見返し(裏)

6

① 身頃の表に衿、見返しを重ねて縫う

② 切込みを入れる

前身頃(表)

後ろ身頃(表)

表衿(表)

見返し(裏)

後ろ身頃(表)

見返し(裏)

衿つけ止り

前身頃(表)

①

7

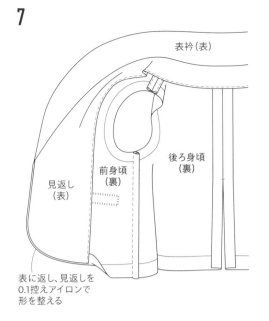

表衿(表)

見返し
(表)

前身頃
(裏)

後ろ身頃
(裏)

表に返し、見返しを
0.1控えアイロンで
形を整える

8

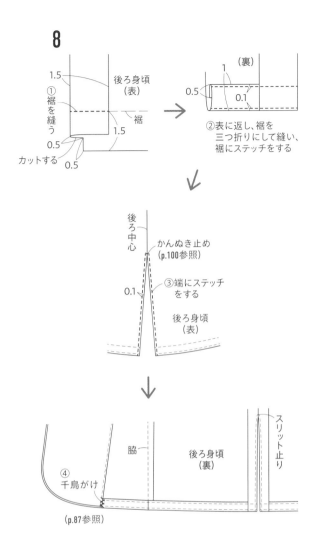

1.5

後ろ身頃
(表)

①裾を縫う

裾

0.5

1.5

カットする

0.5

(裏)

1

0.5

0.1

②表に返し、裾を
三つ折りにして縫い、
裾にステッチをする

後ろ中心

かんぬき止め
(p.100参照)

③端にステッチ
をする

0.1

後ろ身頃
(表)

スリット止り

脇

後ろ身頃
(裏)

④千鳥がけ

(p.87参照)

9

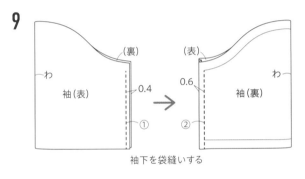

わ

(裏)

袖(表)

0.4

①

(表)

0.6

袖(裏)

わ

②

袖下を袋縫いする

10

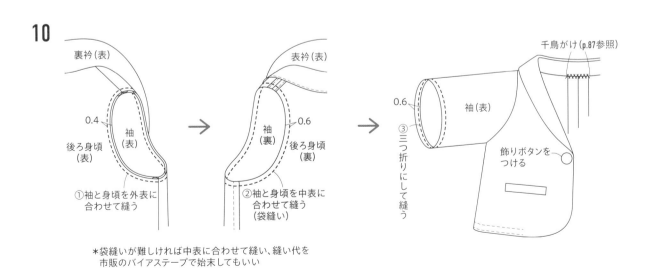

裏衿(表)

0.4

袖
(表)

後ろ身頃
(表)

①袖と身頃を外表に
合わせて縫う

表衿(表)

袖
(裏)

0.6

後ろ身頃
(裏)

②袖と身頃を中表に
合わせて縫う
(袋縫い)

千鳥がけ(p.87参照)

0.6

袖(表)

③三つ折りにして縫う

飾りボタンを
つける

＊袋縫いが難しければ中表に合わせて縫い、縫い代を
市販のバイアステープで始末してもいい

パンツ

🧸 縫い方手順

1 前後パンツを中表に合わせ、前パンツの股上は
袋縫い、後ろパンツの股上はしっぽ口をあけて縫い、
しっぽあき口の回りを縫う。

2 前後パンツの股下をひと続きに縫い、
裾を三つ折りにして縫う。

3 ゴムテープ通し口を残してウエストを三つ折りにして
縫い、ゴムテープを通して通し口をとじる。

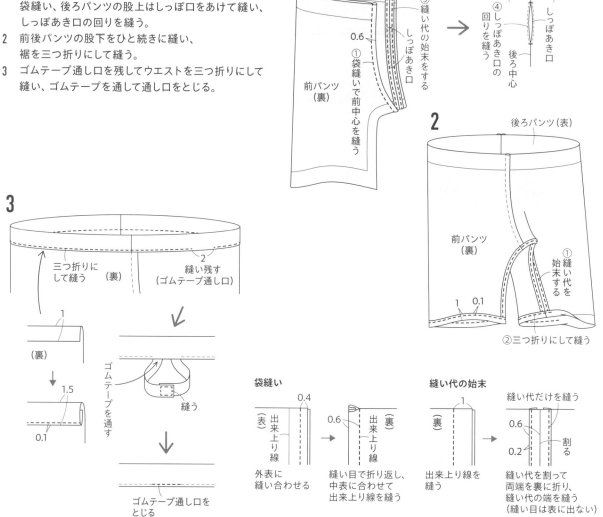

袋縫い

外表に
縫い合わせる

→

縫い目で折り返し、
中表に合わせて
出来上り線を縫う

縫い代の始末

出来上り線を
縫う

→

縫い代を割って
両端を裏に折り、
縫い代の端を縫う
(縫い目は表に出ない)

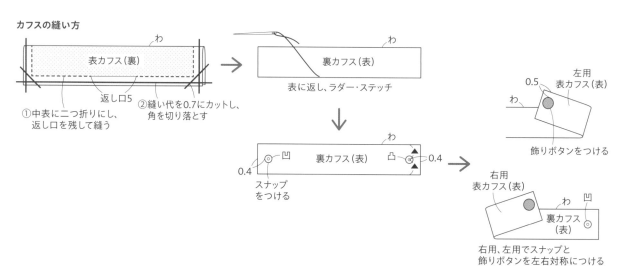

カフスの縫い方

①中表に二つ折りにし、
返し口を残して縫う

②縫い代を0.7にカットし、
角を切り落とす

表に返し、ラダー・ステッチ

スナップ
をつける

飾りボタンをつける

右用、左用でスナップと
飾りボタンを左右対称につける

材料

コットン：55×35cm
接着芯：45×10cm
スナップ：直径0.7cmカラー2組み、カフス2組み
足つきビジューボタン（カフス用）：直径1.2cm2個

カラー
縫い方手順

1　身頃の見返しを出来上りに縫い、裾を縫う。
2　飾り布を作る。
3　表裏衿の両側に飾り布をはさんで縫う。
4　身頃に衿をつける。
5　前端にスナップをつける。

カフスの縫い方はp.76

裁合せ図

＊縫い代を1cmつけて裁つ
＊▒▒▒に接着芯をはる

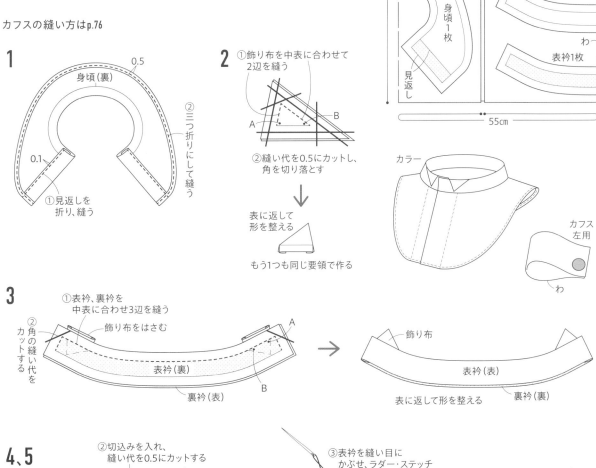

♟ 材料

レース：35×20cm
サテン：45×35cm
飾りボタン：直径0.8cmを4個
スナップ：直径0.6cmを2組み

♟ 縫い方手順

1　表・裏身頃とも肩を縫い合わせる。
2　身頃を中表に合わせ、脇と裾以外を縫う。
3　後ろ裾から手を入れて肩部分から前身頃を引き出し
　　表に返す。
4　脇を続けて縫う。
5　表裾と裏裾を中表に合わせ、返し口を残して縫う。
6　表に返して、返し口をとじる。
7　左前身頃に飾りボタン、左前身頃と右前身頃に
　　スナップをつける。

＊縫い方ポイント
肩を縫ったらベアに着せ、前を合わせてまち針で
とめてサイズを確認する。胴回りが大きすぎたら、
脇の出来上り位置を1cm程度まで内側に修正する。

1

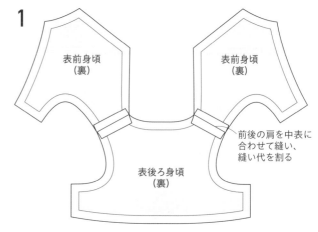

表前身頃（裏）
表前身頃（裏）
表後ろ身頃（裏）

前後の肩を中表に
合わせて縫い、
縫い代を割る

裏身頃も同じ要領で縫う

2、3

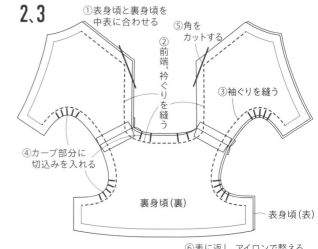

①表身頃と裏身頃を
中表に合わせる

⑤角を
カットする

②前端、衿ぐりを
縫う

③袖ぐりを縫う

④カーブ部分に
切込みを入れる

裏身頃（裏）

表身頃（表）

⑥表に返し、アイロンで整える

裁合せ図

＊縫い代を1cmつけて裁つ

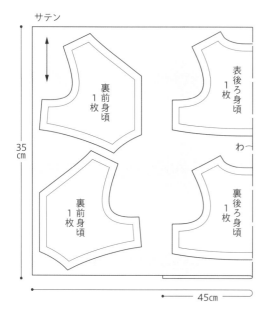

サテン

裏前身頃　1枚

表後ろ身頃　1枚

裏前身頃　1枚

裏後ろ身頃　1枚

35cm

45cm

レース

表前身頃
左右対称
各1枚

20cm

35cm

4

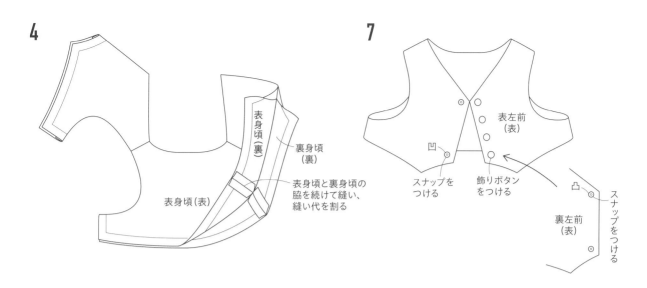

表身頃（裏）

裏身頃（裏）

表身頃と裏身頃の脇を続けて縫い、縫い代を割る

表身頃（表）

7

表左前（表）

凹

スナップをつける

飾りボタンをつける

凸

スナップをつける

裏左前（表）

5、6

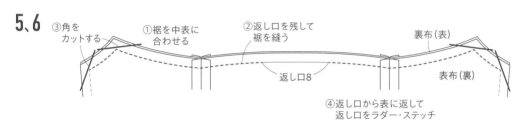

③角をカットする

①裾を中表に合わせる

②返し口を残して裾を縫う

裏布（表）

返し口8

表布（裏）

④返し口から表に返して返し口をラダー・ステッチ

タイ  → p.18、20、23

🧸 材料

シルクサテン：30×15cm
接着芯：10×2.5cm
スナップ：直径0.6cmを1組み

🧸 縫い方手順

1　リボン、中央布、ループを作る。
2　リボンとループを重ねて中央布を巻き、裏でまつる。
3　ループにスナップをつける。

裁合せ図

＊縫い代を0.7cmつけて裁つ
＊[▒▒▒]に接着芯をはる

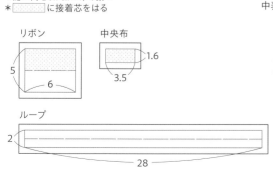

リボン

5
6

中央布

1.6
3.5

ループ

2
28

1

リボン

（裏）　わ

②四隅の縫い代をカットする

返し口3

①中表に二つ折りにし、返し口を残して縫う

（表）

③表に返して形を整え、返し口をラダー・ステッチ

④中央をぐし縫いして絞り、リボン形にする

中央布

（裏）　わ

返し口1.5

①中表に二つ折りにし、返し口を残して縫う

③縫う　0.4にカット

②返し口を移動し縫い代を割る

（表）

④表に返して返し口をとじる

ループ

（裏）　わ

返し口

中表に二つ折りにして2辺を縫い、表に返す

2、3

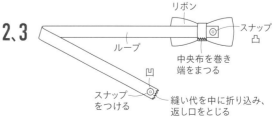

リボン

ループ

スナップ凸

中央布を巻き端をまつる

凹

スナップをつける

縫い代を中に折り込み、返し口をとじる

79

材料

シルクサテン（黒）：25×35cm
ダブルフェース（えんじ）：65×20cm
合成皮革（黒）：30×13cm
シルクサテン（黒・リボン飾り用）：30×13cm
接着芯：30×6cm
厚紙：20×13cm
グログランリボン（黒）：1cm幅50cm
水溶性接着剤（サイビノール）

縫い方手順

1　表側面、内側面を縫い合わせる。
2　内底を作る。
3　表に返した側面の中に内底を入れ、側面の縫い代を内底にはる。
4　グログランリボンではき口を縁とりする。リボン飾りを作り、甲にはる。
5　内底裏に底とかかとをはる。

＊縫い方ポイント
・表布はシルクを使うとなじみがよい。
・縫う部分を少なくしクラフト用の接着剤を使用。

裁合せ図

＊指定以外縫い代を1cmつけて裁つ
＊ ▨ に接着芯をはる

シルクサテン（黒）

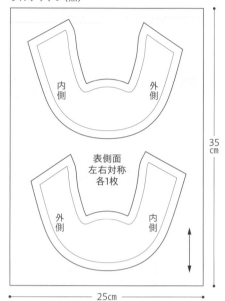

ダブルフェース（えんじ）

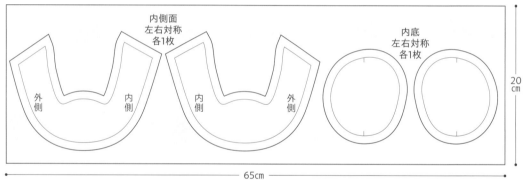

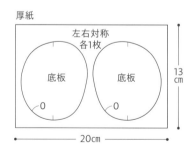

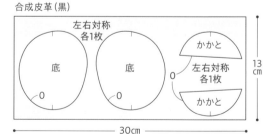

シルクサテン（黒）

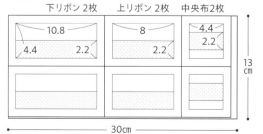

1

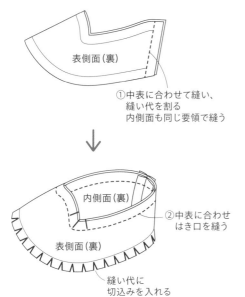

①中表に合わせて縫い、
縫い代を割る
内側面も同じ要領で縫う

②中表に合わせ
はき口を縫う

縫い代に
切込みを入れる

2

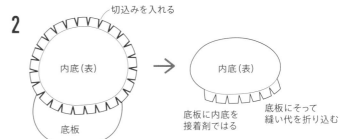

切込みを入れる

内底(表)

底板

内底(表)

底板に内底を
接着剤ではる

底板にそって
縫い代を折り込む

3

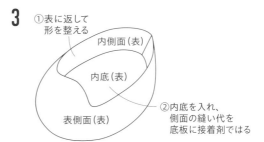

①表に返して
形を整える

内側面(表)

内底(表)

表側面(表)

②内底を入れ、
側面の縫い代を
底板に接着剤ではる

リボン飾りの作り方

下リボン

縫い代を
折る

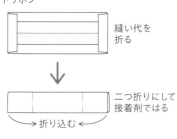

二つ折りにして
接着剤ではる

折り込む

上リボン

同じ要領で
作る

中央布

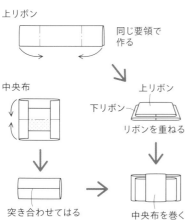

上リボン

下リボン

リボンを重ねる

突き合わせてはる

中央布を巻く

4

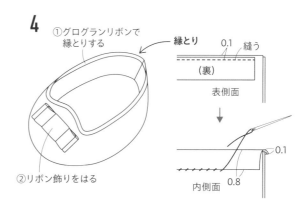

①グログランリボンで
縁とりする

縁とり

0.1

縫う

(裏)

表側面

0.1

0.8

内側面

②リボン飾りをはる

5

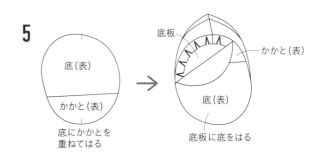

底板

かかと(表)

底(表)

かかと(表)

底(表)

底にかかとを
重ねてはる

底板に底をはる

*指定以外は縫い代1cmをつけて裁つ

🧸 材料

オーガンジー：110cm幅75cm
オーガンジーレース：110cm幅75cm
レーステープ（衿ぐり用）：1cm幅35cm
チュールレース（衿用）：13cm幅120cm
レーステープ（表身頃裾）：5cm幅110cm
チュールレース（表裏身頃裾）：8cm幅480cm
レーステープ（前身頃用）：4cm幅40cm
サテンリボン（前中心）：1.5cm幅100cm
サテンリボン（裾レース部分）：0.3cm幅160cm
バイアステープ（白）：2cm幅170cm
スナップ（半透明）：直径1.5cmを2組み

🧸 縫い方手順

1　表裏ヨークの肩をそれぞれ縫い合わせ、縫い代を割る。
　　ヨークの袖ぐり、衿ぐり、後ろあきを縫う。
2　前後身頃の袖ぐりを縫い合わせ、表裏身頃を重ねて
　　ギャザーを寄せ、裾、後ろ端を縫う。
3　ヨークに身頃をはさんで縫う。
4　衿ぐりに衿用レースとレーステープを重ねてつけ、
　　前中心にリボン飾りを縫いつける。
5　前中心にレーステープ、裾にギャザーを寄せた
　　レースを縫いつける。
　　表裾にはレーステープを重ねて縫いとめ、
　　レーステープにリボンを通す。
6　後ろ端にスナップをつける。

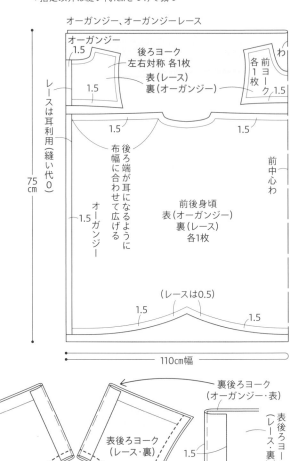

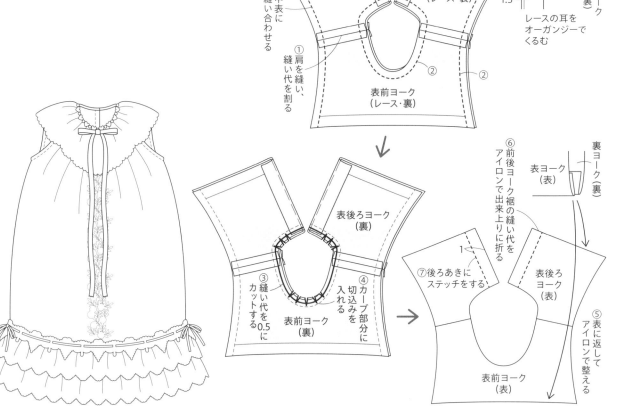

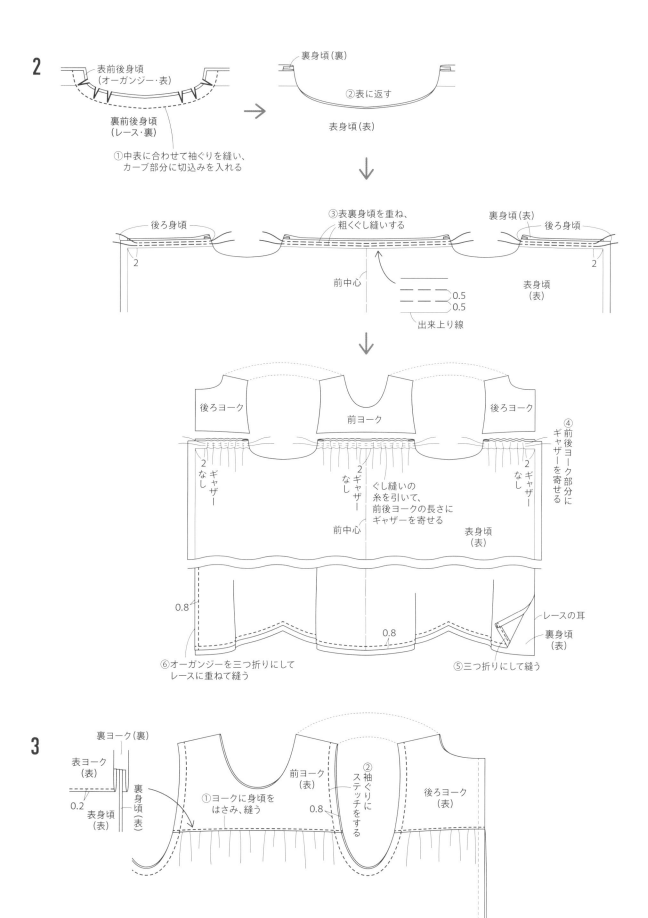

2

表前後身頃
（オーガンジー・表）

裏前後身頃
（レース・裏）

①中表に合わせて袖ぐりを縫い、
カーブ部分に切込みを入れる

裏身頃（裏）

②表に返す

表身頃（表）

③表裏身頃を重ね、
粗くぐし縫いする

後ろ身頃

2

前中心

0.5
0.5

出来上り線

裏身頃（表）

後ろ身頃

2

表身頃
（表）

後ろヨーク

前ヨーク

後ろヨーク

2
なし

ギャザー

2
なし

ギャザー

2
なし

ギャザー

④前後ヨーク部分に
ギャザーを寄せる

ぐし縫いの
糸を引いて、
前後ヨークの長さに
ギャザーを寄せる

前中心

表身頃
（表）

0.8

0.8

⑥オーガンジーを三つ折りにして
レースに重ねて縫う

レースの耳

裏身頃
（表）

⑤三つ折りにして縫う

3

裏ヨーク（裏）

表ヨーク
（表）

0.2

表身頃
（表）

裏身頃
（表）

①ヨークに身頃を
はさみ、縫う

前ヨーク
（表）

0.8

②袖ぐりに
ステッチ
をする

後ろヨーク
（表）

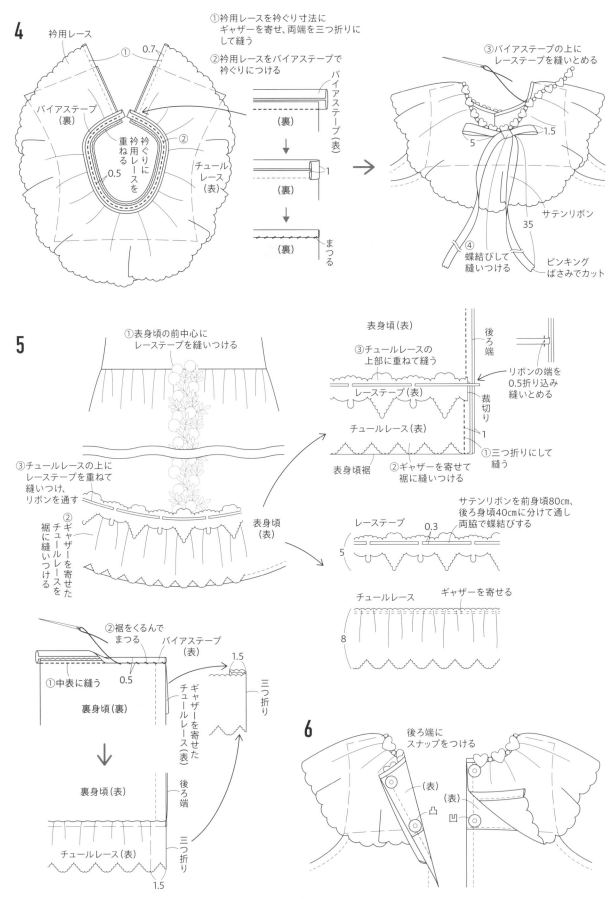

4

衿用レース

① 0.7

①衿用レースを衿ぐり寸法に
ギャザーを寄せ、両端を三つ折りにして縫う

②衿用レースをバイアステープで
衿ぐりにつける

③バイアステープの上に
レーステープを縫いとめる

バイアステープ
（裏）

バイアステープ
（表）

バイアステープ
（裏）

（裏）

1

（裏）

まつる

バイアステープ
（裏）

衿ぐりに
衿用レースを
重ねる

②

0.5

チュール
レース（表）

5

1.5

サテンリボン

35

④
蝶結びして
縫いつける

ピンキング
ばさみでカット

5

①表身頃の前中心に
レーステープを縫いつける

③チュールレースの上に
レーステープを重ねて
縫いつけ、
リボンを通す

②ギャザーを寄せた
チュールレースを
裾に縫いつける

表身頃
（表）

表身頃（表）

③チュールレースの
上部に重ねて縫う

レーステープ（表）

チュールレース（表）

表身頃裾

②ギャザーを寄せて
裾に縫いつける

①三つ折りにして
縫う

裁切り

1

後ろ端

リボンの端を
0.5折り込み
縫いとめる

サテンリボンを前身頃80cm、
後ろ身頃40cmに分けて通し
両脇で蝶結びする

レーステープ

0.3

5

チュールレース

ギャザーを寄せる

8

②裾をくるんで
まつる

バイアステープ
（表）

1.5

①中表に縫う

0.5

裏身頃（裏）

ギャザーを寄せた
チュールレース（表）

三つ折り

裏身頃（表）

後ろ端

チュールレース（表）

三つ折り

1.5

6

後ろ端に
スナップをつける

（表）

凸

（表）

凹

ボンネット →p.24-25　実物大パターンB面（左中）

🧸 材料

フラワーチュールレース、サテン：各55×40cm
レーステープ：7cm幅50cm
フラワーテープ：5cm幅50cm
サテンリボン：1.5cm幅90cm（45cmを2本）
＊作品ではコットンパールつきのレースを使用。

🧸 縫い方手順

1　表と裏のブリム、サイド、まちをそれぞれ縫い合わせる。
2　表ブリムと裏ブリムを中表に合わせて縫い合わせる。
3　サイドの両端にリボンをはさみ、首回りをとじる。
4　表ブリムと表サイドにレーステープを縫いとめる。
5　裏ブリムにフラワーテープを縫いとめる。

＊縫い方ポイント
・2種のレース素材は好みのものを組み合わせる。

裁合せ図
＊縫い代を1cmつけて裁つ

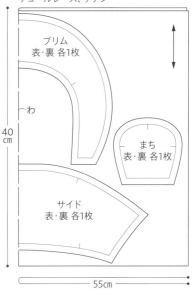

チュールレース、サテン

ブリム
表・裏 各1枚

わ

40cm

まち
表・裏 各1枚

サイド
表・裏 各1枚

55cm

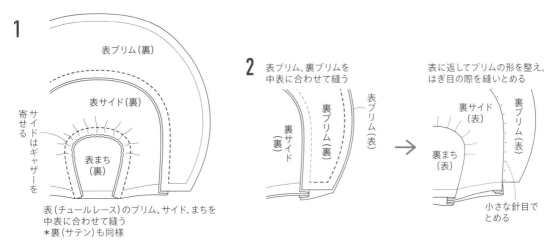

1
表ブリム（裏）
表サイド（裏）
表まち（裏）
サイドはギャザーを寄せる
表（チュールレース）のブリム、サイド、まちを中表に合わせて縫う
＊裏（サテン）も同様

2
表ブリム、裏ブリムを中表に合わせて縫う
裏ブリム（裏）
表ブリム（表）
裏サイド（裏）

表に返してブリムの形を整え、はぎ目の際を縫いとめる
裏サイド（表）
裏ブリム（表）
裏まち（表）
小さな針目でとめる

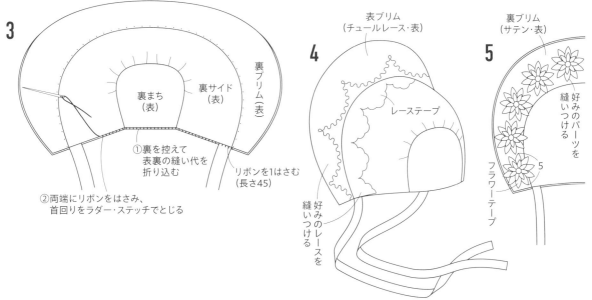

3
裏ブリム（表）
裏まち（表）
裏サイド（表）
①裏を控えて表裏の縫い代を折り込む
リボンを1はさむ（長さ45）
②両端にリボンをはさみ、首回りをラダー・ステッチでとじる

4
表ブリム（チュールレース・表）
レーステープ
好みのレースを縫いつける

5
裏ブリム（サテン・表）
好みのパーツを縫いつける
フラワーテープ
5

85

振袖 photo → p.30-33　実物大パターンB面（右中）

材料

着物地：37×176cm
裏地（胴裏、裾回し）：各37×100cm
＊並幅の反物（幅37cm）を使った場合

縫い方手順

1　袖を作る。裏袖に袖口布をつけ、表袖と裏袖を中表に
　合わせて袖口を縫う。袖口下から袖下を縫い、
　袖の丸みを作り、振りの縫い代をまつる。

2　表身頃を縫う。おくみをつまんで縫う（つまみおくみ）。
　後ろ身頃の背中心、前後身頃の脇を縫う。

3　裏身頃を縫う。胴裏と裾回しを縫い合わせる。おくみを
　つまんで縫い（つまみおくみ）、背中心、脇を縫う。

4　裾を縫う。表裏身頃を中表に合わせ、裾回しが表裾より
　0.3cm長くなるように縫い合わせる。

5　表身頃と裏身頃を外表に合わせ、内側にある縦方向の
　縫い代をしつけ糸でとじ合わせる（中とじ）。

6　表身頃と裏身頃を外表にして肩山を合わせ、
　身八つ口をとめ、前後の身八つ口をとじ合わせる。

7　前袖、後ろ袖の袖つけをそれぞれ縫いとめる。

8　身頃に袖をつける。表袖と表身頃、裏袖と裏身頃を
　それぞれ縫い合わせる。

9　衿つけ止めから裾まで縫い、裾ふきを整えて裾をとじる。

10　前後身頃に衿と共衿をつける。前後身頃と衿を中表に
　縫い合わせ、衿に共衿を重ねてまつる。

11　衿先をたたんで角の形を整え、胴裏にまつる。

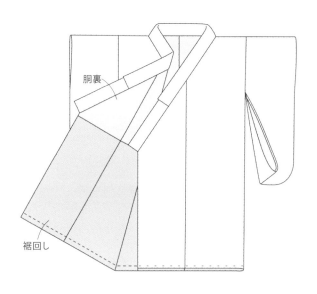

＊反物の耳部分は布端の始末を省略してもよい。
＊柄合せ等が必要な場合は、裁ち方や必要量を調整。
＊総絞りの布を使う場合は、つまみおくみを省略する。
　その場合、衿をつける前身頃の肩山から衿つけ止めまでの
　パターンの斜め線を補正する。

裁合せ図

＊指定の縫い代をつけて裁つ

着物地

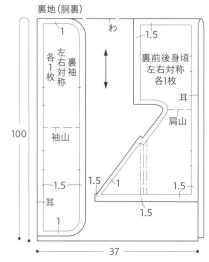

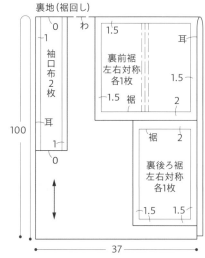

1

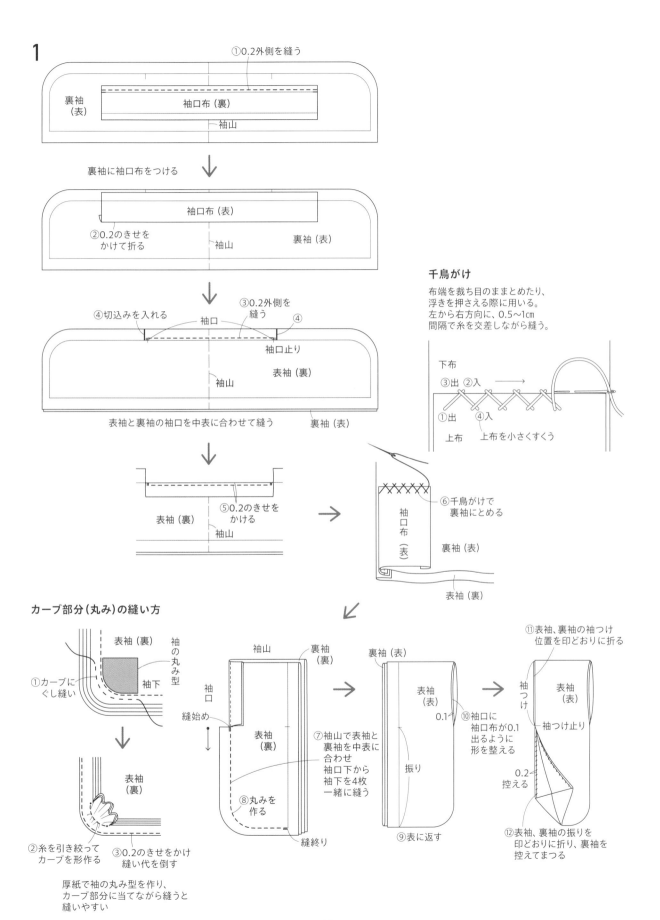

①0.2外側を縫う

裏袖
（表）
袖口布（裏）
袖山

裏袖に袖口布をつける

袖口布（表）
②0.2のきせを
かけて折る
袖山
裏袖（表）

④切込みを入れる
袖口
③0.2外側を縫う
④
袖口止り
表袖（裏）
袖山
裏袖（表）

表袖と裏袖の袖口を中表に合わせて縫う

表袖（裏）
⑤0.2のきせをかける
表袖（裏）
袖山

千鳥がけ

布端を裁ち目のままとめたり、
浮きを押さえる際に用いる。
左から右方向に、0.5〜1cm
間隔で糸を交差しながら縫う。

下布
③出 ②入
①出 ④入
上布　　上布を小さくすくう

⑥千鳥がけで
裏袖にとめる
袖口布（表）
裏袖（表）
表袖（裏）

カーブ部分（丸み）の縫い方

①カーブに
ぐし縫い
表袖（裏）
袖の丸み型
袖下

②糸を引き絞って
カーブを形作る
表袖（裏）

③0.2のきせをかけ
縫い代を倒す

厚紙で袖の丸み型を作り、
カーブ部分に当てながら縫うと
縫いやすい

袖山
裏袖（裏）
袖口
縫始め
表袖（裏）
⑦袖山で表袖と
裏袖を中表に
合わせ
袖口下から
袖下を4枚
一緒に縫う
⑧丸みを作る
縫終り

裏袖（表）
表袖（表）
0.1
振り
⑨表に返す
⑩袖口に
袖口布が0.1
出るように
形を整える

⑪表袖、裏袖の袖つけ
位置を印どおりに折る
袖つけ
表袖（表）
袖つけ止り
0.2控える
⑫表袖、裏袖の振りを
印どおりに折り、裏袖を
控えてまつる

2

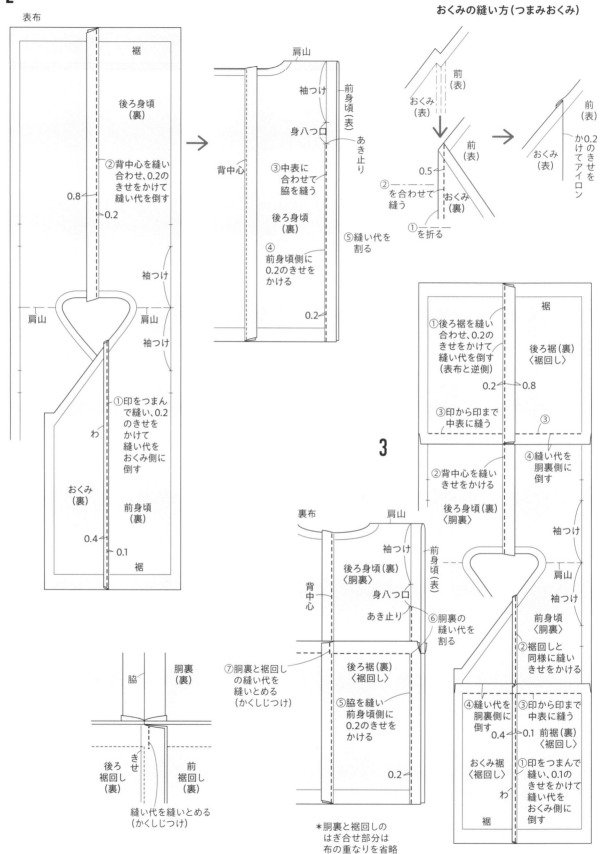

おくみの縫い方(つまみおくみ)

表布

裾

後ろ身頃(裏)

②背中心を縫い合わせ、0.2のきせをかけて縫い代を倒す

0.8
0.2

袖つけ

肩山　肩山

袖つけ

①印をつまんで縫い、0.2のきせをかけて縫い代をおくみ側に倒す

わ

おくみ(裏)

前身頃(裏)

0.4　0.1

裾

肩山

袖つけ

前身頃(表)

背中心

③中表に合わせて脇を縫う

後ろ身頃(裏)

身八つ口

あき止り

⑤縫い代を割る

④前身頃側に0.2のきせをかける

0.2

前(表)

おくみ(表)

②を合わせて縫う

0.5

①を折る

おくみ(裏)

前(表)

前(表)

おくみ(表)

0.2のきせをかけてアイロン

3

①後ろ裾を縫い合わせ、0.2のきせをかけて縫い代を倒す(表布と逆側)

裾

後ろ裾(裏)〈裾回し〉

0.2　0.8

③印から印まで中表に縫う

③

④縫い代を胴裏側に倒す

②背中心を縫いきせをかける

後ろ身頃(裏)〈胴裏〉

袖つけ

裏布　肩山

袖つけ

後ろ身頃(裏)〈胴裏〉

身八つ口

あき止り

背中心

前身頃(表)

肩山

袖つけ

前身頃〈胴裏〉

②裾回しと同様に縫いきせをかける

⑥胴裏の縫い代を割る

⑦胴裏と裾回しの縫い代を縫いとめる(かくしじつけ)

後ろ裾(裏)〈裾回し〉

⑤脇を縫い前身頃側に0.2のきせをかける

0.2

④縫い代を胴裏側に倒す

0.4　0.1　前裾(裏)〈裾回し〉

③印から印まで中表に縫う

おくみ裾〈裾回し〉

①印をつまんで縫い、0.1のきせをかけて縫い代をおくみ側に倒す

わ

裾

脇

胴裏(裏)

きせ

後ろ裾回し(裏)

前裾回し(裏)

縫い代を縫いとめる(かくしじつけ)

＊胴裏と裾回しのはぎ合せ部分は布の重なりを省略

88

4

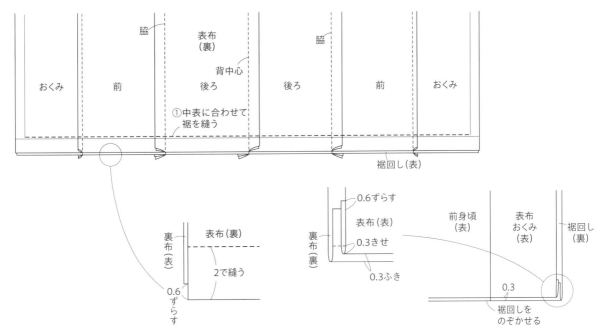

おくみ　前　脇　表布（裏）　後ろ　背中心　後ろ　脇　前　おくみ

①中表に合わせて裾を縫う

裾回し（表）

裏布（表）　表布（裏）　2で縫う　0.6ずらす

0.6ずらす

0.6ずらす　表布（表）　裏布（裏）　0.3きせ　0.3ふき

前身頃（表）　表布おくみ（表）　裾回し（裏）　0.3　裾回しをのぞかせる

5　表布と胴裏、裾回しの縫い代をとじる位置

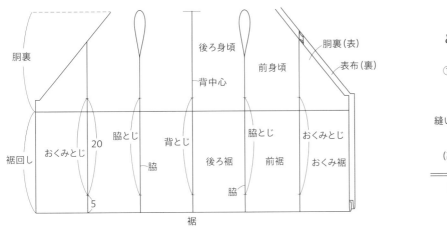

胴裏　裾回し　おくみとじ　20　5　脇とじ　脇　背とじ　後ろ身頃　背中心　前身頃　後ろ裾　脇　前裾　脇とじ　おくみとじ　おくみ裾　胴裏（表）　表布（裏）　裾

とじ方

①表布と裏布の縫い代を重ねる

縫い目

（裏）

②しつけ糸で2間隔の針目で縫う

6

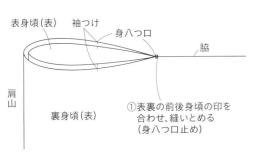

表身頃（表）　袖つけ　身八つ口　脇

肩山　裏身頃（表）　①表裏の前後身頃の印を合わせ、縫いとめる（身八つ口止め）

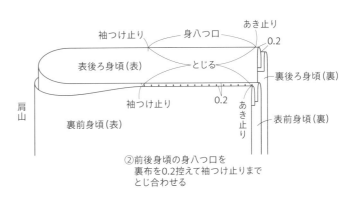

袖つけ止り　身八つ口　あき止り　0.2　表後ろ身頃（表）　とじる　裏後ろ身頃（裏）　袖つけ止り　0.2　あき止り　表前身頃（裏）

肩山　裏前身頃（表）　②前後身頃の身八つ口を裏後ろを0.2控えて袖つけ止りまでとじ合わせる

7

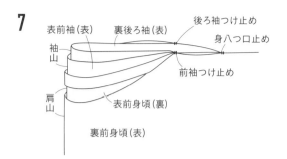

表前袖（表）　裏後ろ袖（表）　後ろ袖つけ止め
袖山
身八つ口止め
肩山
前袖つけ止め
表前身頃（裏）
裏前身頃（表）

肩山と袖山を合わせて
身頃と袖を中表に合わせ、
表裏の前身頃と前袖、
後ろ身頃と後ろ袖の袖つけを
それぞれ縫いとめる
（袖つけ止め）

8

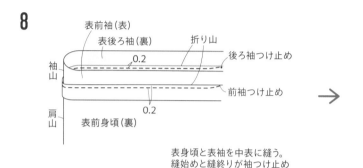

表前袖（表）
表後ろ袖（裏）　折り山
0.2
後ろ袖つけ止め
袖山
前袖つけ止め
肩山
0.2
表前身頃（裏）

表身頃と表袖を中表に縫う。
縫始めと縫終りが袖つけ止め
になるように、斜めに縫う

袖側へ0.2の
きせをかける
折り山
折り山
表袖（裏）
［裏袖（裏）］

表、裏の縫い目に
それぞれ袖側へ
きせをかける

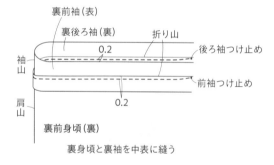

裏前袖（表）
裏後ろ袖（裏）　折り山
0.2
後ろ袖つけ止め
袖山
前袖つけ止め
肩山
0.2
裏前身頃（裏）

裏身頃と裏袖を中表に縫う

＊縫う位置をわかりやすくするために
　図を簡略化しています。前後表布、
　前後裏布が中表に合うように、袖つ
　け周辺の布をよけて縫ってください。

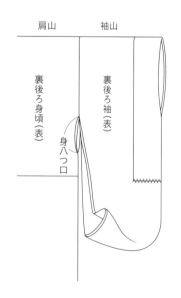

肩山　　袖山

裏後ろ身頃（表）
裏後ろ袖（表）
身八つ口

9

胴裏（表）
裾回し（表）
0.2
控える
①とじ
合わせる
表おくみ
0.5
表は
小さな針目
0.3裾回し
を出す（裾ふき）
おくみ裾
0.8

②裾のふきをアイロンで
整え、裾をとじる

10

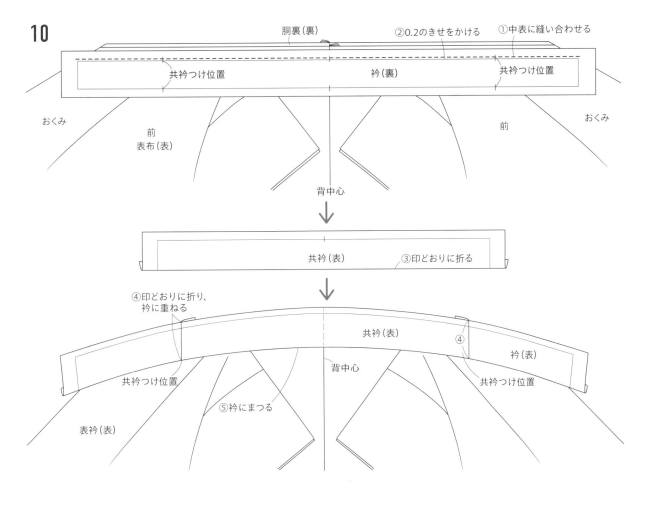

②0.2のきせをかける
①中表に縫い合わせる
胴裏（裏）
共衿つけ位置　　　衿（裏）　　　共衿つけ位置
おくみ　　前　　　　　　　　　　　　前　　おくみ
　　　　表布（表）
背中心

共衿（表）　　③印どおりに折る

④印どおりに折り、
衿に重ねる
共衿（表）　　　④　　衿（表）
共衿つけ位置　　背中心　　共衿つけ位置
表衿（表）　　⑤衿にまつる

11

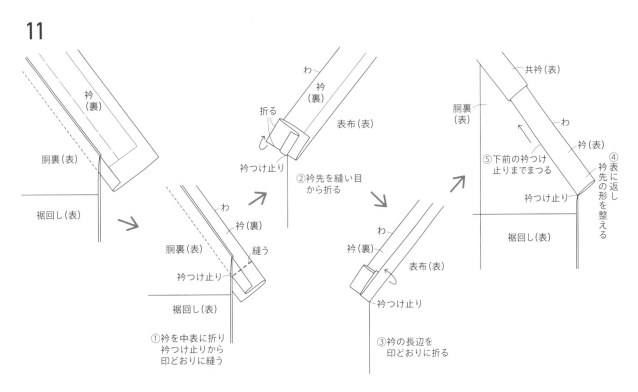

衿（裏）
胴裏（表）
裾回し（表）

胴裏（表）
衿（裏）
縫う
衿つけ止り
裾回し（表）
①衿を中表に折り
衿つけ止りから
印どおりに縫う

わ
衿（裏）
折る
表布（表）
衿つけ止り
②衿先を縫い目
から折る

わ
衿（裏）
表布（表）
衿つけ止り
③衿の長辺を
印どおりに折る

共衿（表）
胴裏（表）
わ
衿（表）
⑤下前の衿つけ
止りまでまつる
衿つけ止り
④表に返し
衿先
の形を
整える
裾回し（表）

振袖の帯 photo → p.30-31

photo → p.30-31

材料

帯地（表布用）：30×45cm
帯用裏地（裏布用）：20×50cm
接着芯（ハード）：40×10cm
面ファスナー：10×10cm
ゴムテープ：0.3cm幅55cm

縫い方手順

1 本体を作る。
  表裏本体の縫い代をそれぞれ折って外表に合わせ、
  裏本体を控えてとじる。
2 本体の指定位置に面ファスナーを縫いつける。
3 蝶結びを作る。
  リボンAの表布、裏布を本体と同じ要領でとじ合わせ、
  左右をたたんで中央を縫い絞る。
4 リボンBの表布、裏布を本体と同じ要領でとじ合わせて
  折り目をつけ、中央を縫いとめる。
5 リボンC（結び目）を作る。
6 リボンBの上にAを重ね、Cを中心に巻いて
  終りを縫いとめ、形を整える。
7 リボンCにゴムテープを通す。

＊ベアの胴体に本体を巻いて面ファスナーでとめる。
  蝶結びの位置を決め、リボンCの両端を本体の
  内側に差し込み、ゴムテープを胴体に結んで固定する。

裁合せ図

＊縫い代1cm含む
＊□□□□ に接着芯をはる

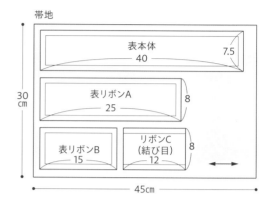

帯地

表本体 40 7.5
表リボンA 25 8
表リボンB 15
リボンC（結び目）12 8
45cm
30cm

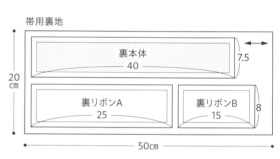

帯用裏地

裏本体 40 7.5
裏リボンA 25
裏リボンB 15 8
20cm
50cm

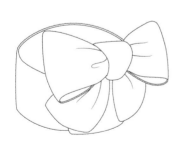

1、2

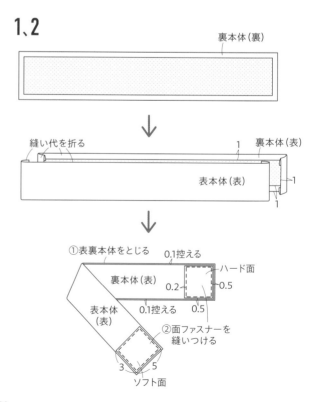

裏本体（裏）

縫い代を折る　裏本体（表）　1
表本体（表）　1
1

①表裏本体をとじる　0.1控える
裏本体（表）　ハード面
0.2　0.5
0.1控える　0.5
表本体（表）　②面ファスナーを縫いつける
3　5
ソフト面

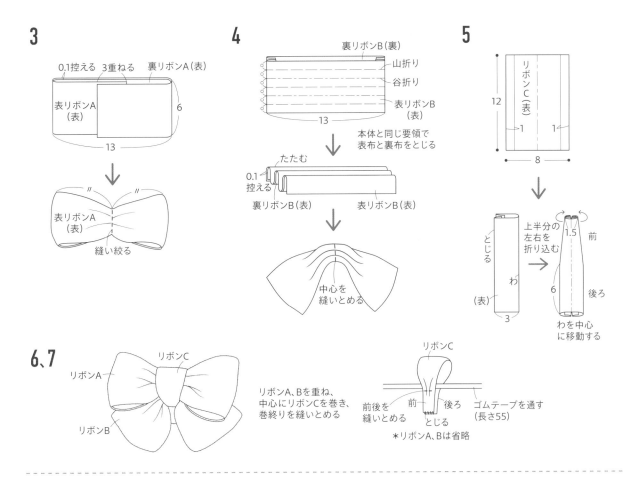

3

0.1控える　3重ねる　裏リボンA（表）

表リボンA
（表）

6

13

表リボンA
（表）

〃　　　　　〃

縫い絞る

4

裏リボンB（裏）

山折り
谷折り

表リボンB
（表）

13

本体と同じ要領で
表布と裏布をとじる

たたむ

0.1
控える

裏リボンB（表）　　表リボンB（表）

中心を
縫いとめる

5

リボンC（表）

12

1　　1

8

とじる

わ

（表）

3

上半分の
左右を
折り込む

1.5　前

6　後ろ

わを中心
に移動する

6、7

リボンC

リボンA

リボンB

リボンA、Bを重ね、
中心にリボンCを巻き、
巻終りを縫いとめる

リボンC

前後を
縫いとめる

前

後ろ

とじる

ゴムテープを通す
（長さ55）

＊リボンA、Bは省略

美容衿 → p.30-31

♟ 材料
好みの布（しっかりとした厚みのある布を選ぶ）：35×6cm

♟ 使い方
外表に半分に折り、ベアの胸もとで交差してまち針でとめ、
半衿代りにします。ベアの毛が見えないように首の
後ろを立たせると、七五三らしい形になり、着物の衿が
なじみます。

裁合せ図

美容衿

6

35

伊達衿（重ね衿）  → p.30-31

♟ 材料
好みの布（正絹など薄い布）：62×4cm

♟ 使い方
美容衿と同じ要領で着物の衿の内側に使用します。
着物地とは別の、目立つ無地布がおすすめ。

裁合せ図

伊達衿

4

62

🐻 材料

ちりめん（表布用）：37×110cm
りんず（裏布用）：37×40cm
羽二重、一越ちりめん（花飾り用）：各30×10cm
キルトわた（極薄・衿、くるみボタン用）：適宜
くるみボタン：直径1.2cmを6個
スナップ：直径1.2cmを3組み
背守り：直径3.3cmを1個（既製品）
＊並幅の反物（幅37cm）を使った場合

🐻 縫い方手順

1　前後身頃を中表に合わせ、前裾、後ろ裾を縫う。
2　表まち、裏まちを中表に合わせ、まち上、まち裾を縫う。
3　表たて衿、裏たて衿を中表に二つ折りにし、裾を縫う。
4　前後身頃にまちをはさみ、まちの左右長辺、脇あきを続けて縫う。
5　前身頃にたて衿をつける。
6　衿を作って、身頃につける。
7　花飾りを作り（p.96）、衿につける。
8　背中に背守りをつける。
9　たて衿の3か所にスナップをつける。
10　前身頃に房つき飾りひもをつける（p.97）。

裁合せ図

＊指定の縫い代をつけて裁つ

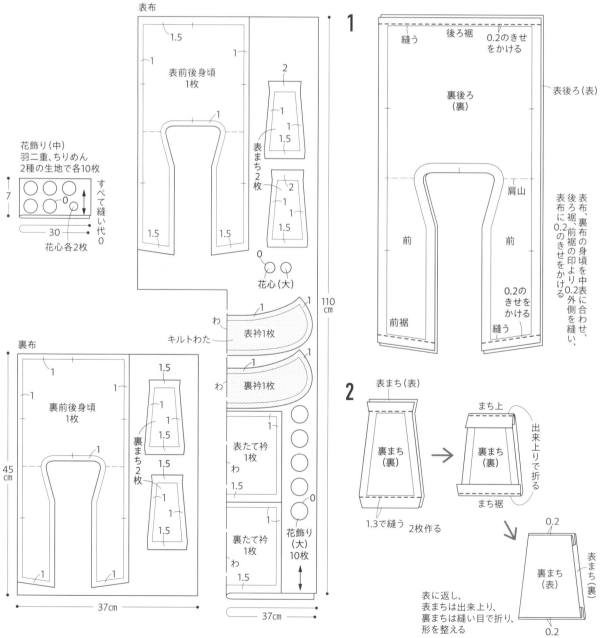

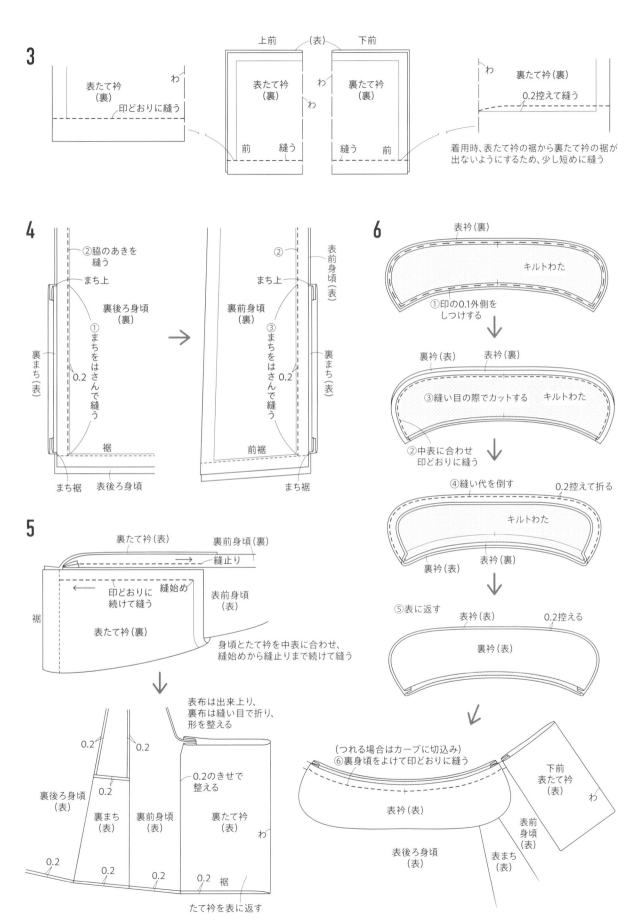

3

上前 （表） 下前

表たて衿（裏）
印どおりに縫う
わ

表たて衿（裏）
わ
裏たて衿（裏）
わ

前　縫う　縫う　前

わ
裏たて衿（裏）
0.2控えて縫う

着用時、表たて衿の裾から裏たて衿の裾が
出ないようにするため、少し短めに縫う

4

②脇のあきを
縫う
まち上

裏後ろ身頃
（裏）

①まちをはさんで縫う

裏まち（表）

0.2

裾

まち裾　表後ろ身頃

②
表前身頃（表）
まち上

裏前身頃（裏）

③まちをはさんで縫う

裏まち（表）

0.2

前裾

まち裾

5

裏たて衿（表）　裏前身頃（裏）
縫止り

印どおりに
続けて縫う　縫始め

表前身頃
（表）

裾

表たて衿（裏）

身頃とたて衿を中表に合わせ、
縫始めから縫止りまで続けて縫う

0.2　　0.2

裏後ろ身頃
（表）

0.2

裏まち
（表）

裏前身頃
（表）

表布は出来上り、
裏布は縫い目で折り、
形を整える

0.2のきせで
整える

裏たて衿
（表）

わ

0.2　　0.2　　0.2　　0.2　裾

たて衿を表に返す

6

表衿（裏）
キルトわた

①印の0.1外側を
しつけする

裏衿（表）　表衿（裏）

③縫い目の際でカットする　キルトわた

②中表に合わせ
印どおりに縫う

④縫い代を倒す　　0.2控えて折る

キルトわた

裏衿（表）　表衿（裏）

⑤表に返す　表衿（表）　0.2控える

裏衿（表）

（つれる場合はカーブに切込み）
⑥裏身頃をよけて印どおりに縫う

表衿（表）

下前
表たて衿
（表）

わ

表前
身頃
（表）

表後ろ身頃
（表）

表まち
（表）

7~10

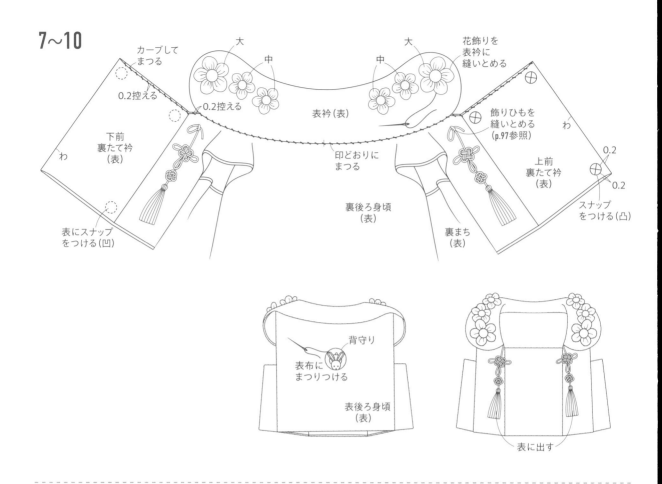

カーブして
まつる

0.2控える

0.2控える

下前
裏たて衿
(表)

わ

表にスナップ
をつける(凹)

大
中

大
中

花飾りを
表衿に
縫いとめる

表衿(表)

飾りひもを
縫いとめる
(p.97参照)

印どおりに
まつる

裏後ろ身頃
(表)

裏まち
(表)

上前
裏たて衿
(表)

わ

0.2
0.2

スナップ
をつける(凸)

背守り

表布に
まつりつける

表後ろ身頃
(表)

表に出す

花飾り -photo- → p.32-33

pattern

✿ 材料 （大1個）

布：15×10cm
キルトわた：少量
くるみボタン：直径1.2cm1個

✿ 縫い方手順

1 花心用のくるみボタンを作る。
2 花びらを作る。
3 2の中心にくるみボタンをつける。

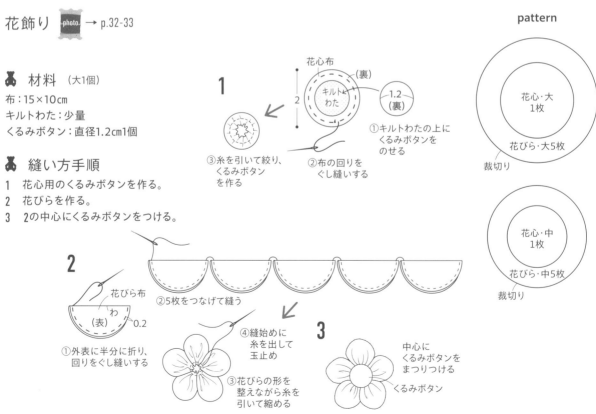

1
花心布
(裏)
キルトわた
2
1.2
(裏)
①キルトわたの上に
くるみボタンを
のせる
②布の回りを
ぐし縫いする
③糸を引いて絞り、
くるみボタン
を作る

花心・大
1枚
花びら・大5枚
裁切り

花心・中
1枚
花びら・中5枚
裁切り

2
花びら布
わ
(表)
0.2
①外表に半分に折り、
回りをぐし縫いする
②5枚をつなげて縫う
④縫始めに
糸を出して
玉止め
③花びらの形を
整えながら糸を
引いて縮める

3
中心に
くるみボタンを
まつりつける
くるみボタン

飾りひも 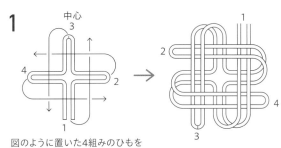 photo → p.32-33

photo → p.32-33

🎀 **材料** （1セット分）

江戸打ちひも（細・ピンク）：2.2m
手縫い糸（ピンク／東レシルック）：
　1巻き
ほつれどめ

🎀 **縫い方手順**

1　2本の打ちひもで菊結び（70cm）、
　しゃか結び（40cm）を作り、
　1本につなげる。
2　房の糸を束ねる。
3　1の結び目を房用の糸束で
　くるんで巻きとめ、房の下を
　切りそろえる。

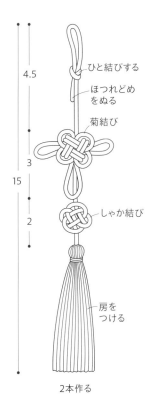

2本作る

菊結び

1

中心

図のように置いた4組みのひもを
左回りに隣にかけて、引き締める

2

4組みのひもを右回りに隣にかけて、
引き締める

3

裏面

裏に折り
縫いつける

天地を入れ替え、糸端側
の2本の糸のうち1本を
裏に縫いつけ、
余分をカット

折り曲げて
縫いつける

ほつれどめ
をぬる

0.8

ひと結びする

ほつれどめ
をぬる

しゃか結びの片端を
菊結びの裏に縫いつけ、
もう一方の端を
ひと結びする

ひと結びする

ほつれどめ
をぬる

菊結び

しゃか結び

房を
つける

しゃか結び

1

中心

A　　B

2

B

3

B

A

4

B

A

房の作り方

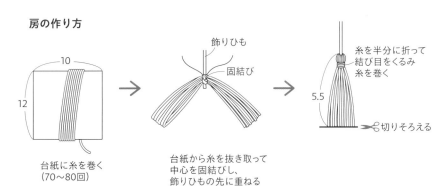

10

12

台紙に糸を巻く
（70〜80回）

飾りひも

固結び

台紙から糸を抜き取って
中心を固結びし、
飾りひもの先に重ねる

糸を半分に折って
結び目をくるみ
糸を巻く

5.5

切りそろえる

4.5

3

15

2

97

材料
綿：37×145cm（おはしょりあり）
　　37×125cm（おはしょりなし）
＊並幅の反物（幅37cm）を使用した場合

縫い方手順
1 袖を作る。
2 おくみ、背中心、脇を縫ったら、ベアに着せて
　丈を確認する（丈が長い場合は縫い代分を残して
　余分はカット）。丈が決まったら衿下をまつる。
3 身頃に袖をつける。
4 身頃に衿をつけ、共衿を重ねてつける。
5 裾の角を額縁に整え、衿下、裾を縫う。
6 衿先を縫い、衿を身頃にまつる。

＊縫い方ポイント
・ベアに着せてゆきが長い場合は、肩山の中心を外表に
　つまんで袖側に倒し、つまみ分の根もとを前身頃
　→肩山→後ろ身頃を袖つけ止りまで縫う（肩上げ）。

裁合せ図
＊指定の縫い代をつけて裁つ

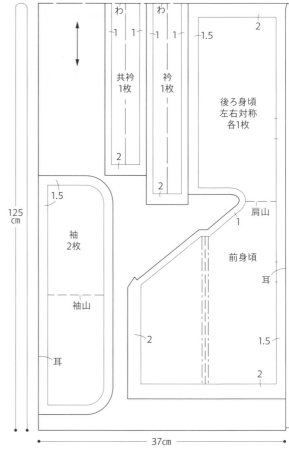

＊裁合せ図はおはしょりのない場合の裁ち方例。
　おはしょり分を入れる場合は、前後の身頃裾に
　8cmずつ足して裁つ。
＊反物の耳部分は布端の始末を省略してもよい。
＊柄合せ等が必要な場合は、用尺を増やして裁合せを調整する。

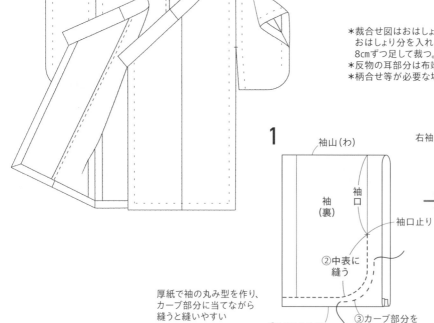

2

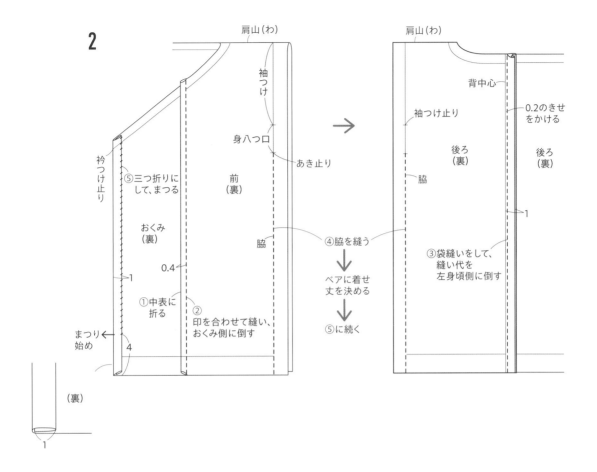

肩山（わ）

袖つけ

身八つ口

あき止り

衿つけ止り

⑤三つ折りにして、まつる

前（裏）

おくみ（裏）

0.4

1

①中表に折る

②印を合わせて縫い、おくみ側に倒す

脇

まつり始め

4

（裏）

1

肩山（わ）

背中心

袖つけ止り

0.2のきせをかける

後ろ（裏）

後ろ（裏）

脇

1

③袋縫いをして、縫い代を左身頃側に倒す

④脇を縫う

ベアに着せ丈を決める

⑤に続く

3

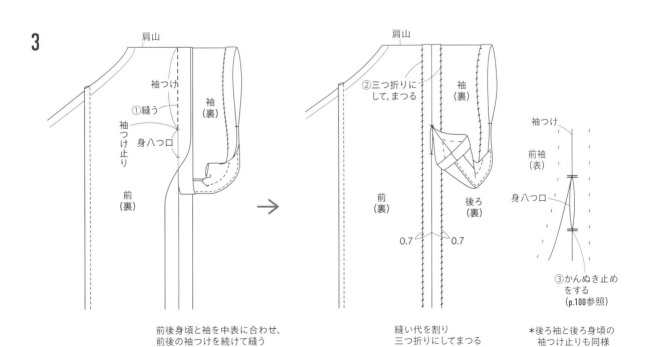

肩山

袖つけ

①縫う

袖（裏）

袖つけ止り

身八つ口

前（裏）

前後身頃と袖を中表に合わせ、前後の袖つけを続けて縫う

肩山

②三つ折りにして、まつる

袖（裏）

前（裏）

後ろ（裏）

0.7　0.7

縫い代を割り三つ折りにしてまつる

袖つけ

前袖（表）

身八つ口

③かんぬき止めをする（p.100参照）

＊後ろ袖と後ろ身頃の袖つけ止りも同様

4

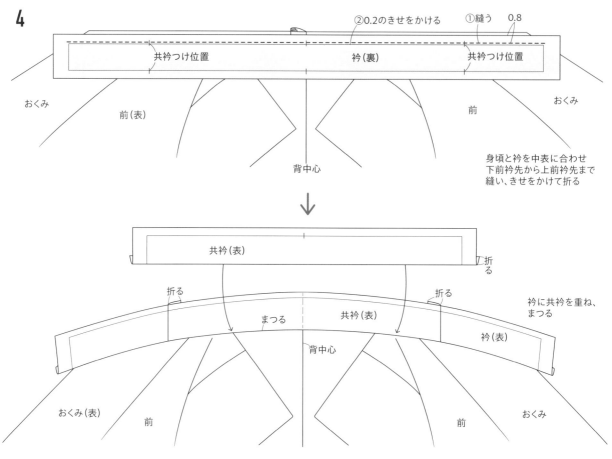

②0.2のきせをかける　①縫う　0.8

共衿つけ位置　　衿(裏)　　共衿つけ位置

おくみ　　前(表)　　　　　前　　おくみ

背中心

身頃と衿を中表に合わせ
下前衿先から上前衿先まで
縫い、きせをかけて折る

共衿(表)　　折る

折る　　まつる　　共衿(表)　　折る

衿に共衿を重ね、
まつる

おくみ(表)　　前　　背中心　　前　　おくみ

衿(表)

袋縫い

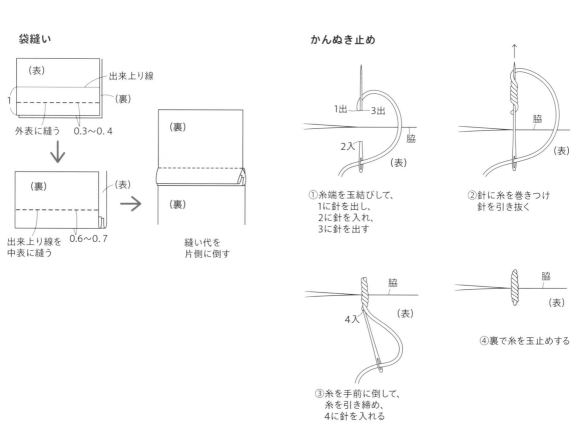

(表)　　出来上り線

1　　(裏)

外表に縫う　0.3～0.4

(裏)　　(表)

出来上り線を
中表に縫う　0.6～0.7

(裏)

(裏)

縫い代を
片側に倒す

かんぬき止め

1出　3出

2入　脇

(表)

①糸端を玉結びして、
1に針を出し、
2に針を入れ、
3に針を出す

脇

(表)

②針に糸を巻きつけ
針を引き抜く

4入　脇

(表)

③糸を手前に倒して、
糸を引き締め、
4に針を入れる

脇

(表)

④裏で糸を玉止めする

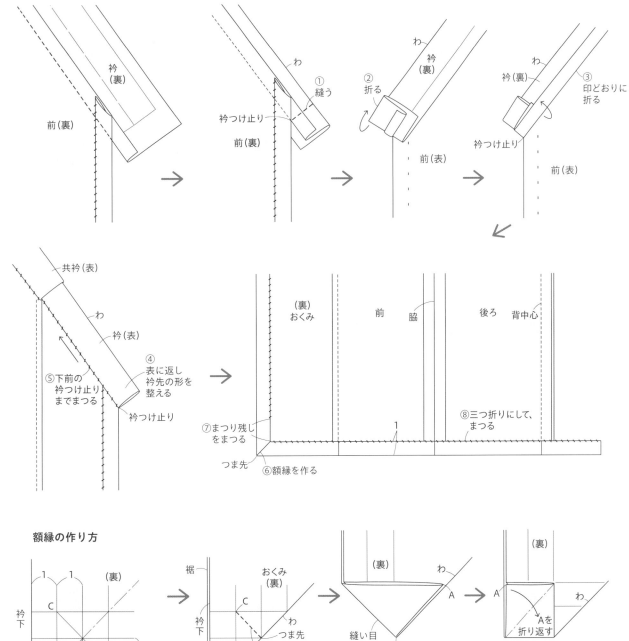

額縁の作り方

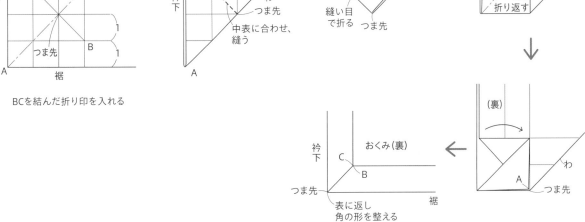

BCを結んだ折り印を入れる

♣ 材料

A布（柄）：70×20cm
B布（無地）：60×20cm
接着芯（スーパーハード）：45×5cm
ゴムテープ：0.5cm幅を25cm（7〜8cmを3本）、
　　　　　　0.8cm幅を45cm（リボン通し用）

♣ 縫い方手順

1　リボンを作る。
　＊帯の文庫結びとして使う場合は、リボン中央にゴムテープを通す。
2　帯を作る。胴回り用の接着芯にゴムテープをつけて輪にする。
3　接着芯ののり面に裏帯をはり、裏帯の短辺を
　とじて輪にする。
4　表帯を外表に合わせて短辺を輪にとじ、
　長辺を裏帯にとじる。

裁合せ図

＊縫い代を1cmつけて裁つ
＊ ░░░ に接着芯をはる

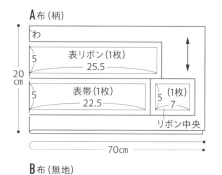

A布（柄）
わ
表リボン（1枚）　25.5
5
表帯（1枚）　22.5
5
（1枚）
5　7
リボン中央
20cm
70cm

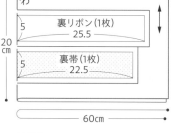

B布（無地）
わ
裏リボン（1枚）　25.5
5
裏帯（1枚）　22.5
5
20cm
60cm

接着芯
5cm
胴回り用（1枚）
28cm

1

① 表、裏リボンを中表に合わせる　　② 返し口を残して縫う
返し口5〜7　　表リボン（裏）　　裏リボン（表）

③ 表に返し、返し口をラダー・ステッチ
表リボン（表）

リボンのたたみ方

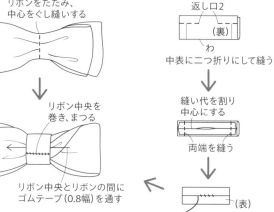

14
8
ねじって表と裏を入れ替える　　表リボン
5.5　　裏リボン
11

リボンをたたみ、中心をぐし縫いする

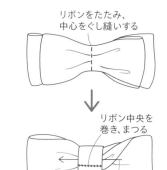

リボン中央を巻き、まつる

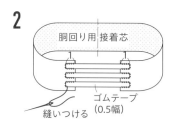

リボン中央とリボンの間にゴムテープ（0.8幅）を通す

リボン中央の作り方

返し口2
（裏）
わ
中表に二つ折りにして縫う

縫い代を割り中心にする
両端を縫う

（表）
表に返し、返し口をまつる

2

胴回り用 接着芯
ゴムテープ（0.5幅）
縫いつける

3

胴回り用 接着芯

＊つなぎ目のギャザーを省略

裏帯（表）

① ゴムテープの手前まで接着芯をはる
② 両端を印どおりに折って突き合わせ、とじる

4

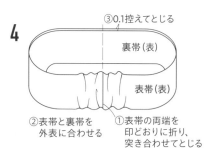

③ 0.1控えてとじる
裏帯（表）
表帯（表）
② 表帯と裏帯を外表に合わせる
① 表帯の両端を印どおりに折り、突き合わせてとじる

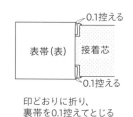

0.1控える
表帯（表）　接着芯
0.1控える
印どおりに折り、裏帯を0.1控えてとじる

文庫結びの帯として使う場合

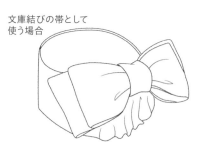

きんちゃく photo → p.34-35

photo → p.34-35

裁合せ図

＊縫い代を1cmつけて裁つ

材料（花びらタイプ）

A布（柄）：30×30cm
B布（無地）：30×30cm
江戸打ちひも：140cm（70cmを2本）

縫い方手順

1 A布、B布を中表に合わせ、返し口を
　残して縫う。表に返して返し口をとじ、
　周囲をステッチする。

2 四隅を内側に折りたたんで縫い、
　ひも通しを作る。ひもを通して端を結ぶ。

3 持ち手を作り、つけ位置につける。

A布（柄）、B布（無地）

30cm

きんちゃく
各1枚

20

20

持ち手各1枚

1.3

22.5

30cm

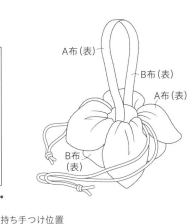

A布（表）
B布（表）
A布（表）
B布（表）

1

返し口5
B布（裏）
A布（表）
①A、B布を中表に合わせ、
返し口を残して縫う

8
8
0.2
B布（表）
とじる
②表に返して返し口をとじ、
回りをステッチ

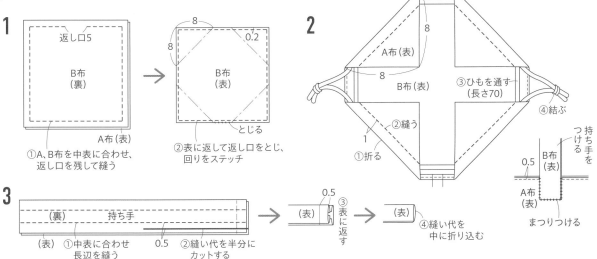

2

持ち手つけ位置

8
A布（表）
8
B布（表）
①折る
②縫う
1
③ひもを通す（長さ70）
④結ぶ

0.5
B布（表）
A布（表）
持ち手をつける
まつりつける

3

（裏）持ち手
（表）①中表に合わせ長辺を縫う
0.5 ②縫い代を半分にカットする
0.5 （表）③表に返す
（表）④縫い代を中に折り込む

材料（楕円底タイプ）

A布（柄）：5.5×10cmを2枚、10×10cmを1枚、直径2cmを2枚
B布（無地）：2.4×9cmを2枚
接着芯：10×10cm
江戸打ちひも：1m（50cmを2本）

pattern

わ 底 1枚

＊縫い代を1cmつけて裁つ

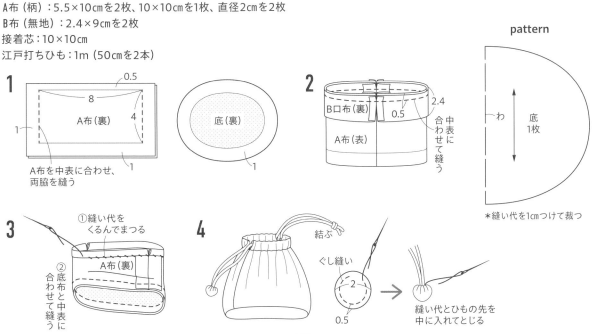

1

0.5
8
4
1
A布（裏）
1
A布を中表に合わせ、両脇を縫う

底（裏）
1

2

B口布（裏）
0.5
2.4
A布（表）
中表に合わせて縫う

3

①縫い代をくるんでまつる
A布（裏）
②底布と中表に合わせて縫う

4

結ぶ
ぐし縫い
2
0.5
縫い代とひもの先を中に入れてとじる

小柳英美　Emi Koyanagi

大分市在住。大分合同新聞社文化教室講師。
Yahoo!ショッピングにて、ヴィンテージビーズ＆テディベア
材料ストア「NEEDLEMAMA」を運営。
https://store.shopping.yahoo.co.jp/needlemama/
著書に『ミニチュアサイズのテディベア』『心をこめてテディ
ベア作り』『テディベアが好きだから』(以上、文化出版局
刊)などがある。
Instagram：@needlemama0405

製作協力　「テディベアとその仲間たち」
吉永茂子　甲斐真佐子　藤田美紀子　志賀敬子　若林真由美　上野美樹

Special Mail Order

数量限定にて、**Bear A**（カバー、p.5、37-38の上段、p.41-45参照）の
材料キットをおわけいたします。
男の子（ピンクベージュ）／女の子（ライトベージュ）
本体＝ポリエステル製プードルファー
目＝日本製グラスアイ（中道義眼製作所）
そのほか、別布、鼻パーツ、ジョイントなど、
入手しにくい材料がそろっています。

＊詰め物、縫い糸は入っていません。

各50セット（なくなり次第終了）
全国統一送料＆税込み　5,500円
詳細とお申込みは、こちら→

TEDDY BEAR CLOSET
テディベア クローゼット

2024年1月28日　第1刷発行

著　者　小柳英美
発行者　清木孝悦
発行所　学校法人文化学園 文化出版局
　　　　〒151-8524　東京都渋谷区代々木3-22-1
　　　　tel.03-3299-2489（編集）　03-3299-2540（営業）
印刷・製本所　株式会社文化カラー印刷

文化出版局のホームページ　https://books.bunka.ac.jp/

Staff

ブックデザイン　　　　　天野美保子
撮影　　　　　　　　　　大森忠明
スタイリング　　　　　　鈴木亜希子
イラスト　　　　　　　　植草桂子
トレース・DTP製作　　　宇野あかね（文化フォトタイプ）
トレース（p.86-103）　大楽里美
校閲　　　　　　　　　　向井雅子
作り方解説・編集協力　　望月いづみ
編集　　　　　　　　　　大沢洋子（文化出版局）

帽子製作　戸松美由希
参考書籍『文化ファッション大系 ファッション工芸講座1 帽子 基礎編』
文化服装学院 編（文化出版局刊）

刺繍糸提供
DMC　https://www.dmc.com/

おすすめショップ
中道義眼製作所　Instagram：@medamaya.nakamichi
サンタクルーズベア　https://www.santacruzbear.net/
京都まるくま　https://www.kyoto-marukuma.com/
hand work amica　Instagram：@handworkamica

撮影協力
カフェ・ラ・ファミーユ　Instagram：@cafelafamille2
finestaRt　https://finestart.theshop.jp/
AWABEES　https://www.awabees.com/awabees/